Découvrez l'histoire par les archives de presse

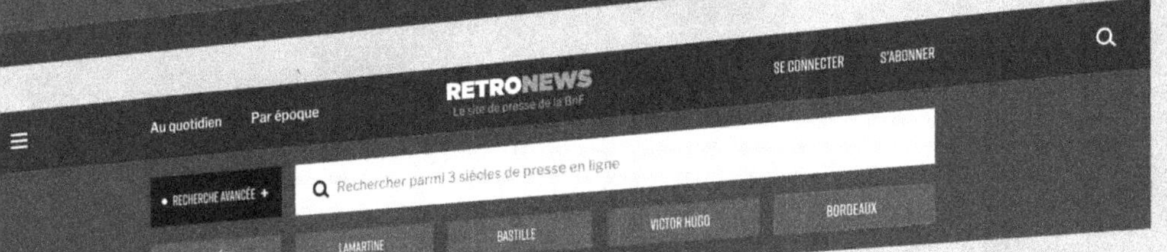

RETRONEWS

Le site de presse de la BnF

www.retronews.fr

PARIS — 1860

E. PICK, Éditeur, 5. rue du Pont-de-Lodi

ALMANACH PARISIEN

POUR L'ANNÉE 1860

PUBLIÉ SOUS LA DIRECTION DE FERNAND DESNOYERS

RÉDIGÉ PAR

THÉOPHILE GAUTIER, THÉODORE DE BANVILLE,
HENRY MURGER, CHAMPFLEURY,
CHARLES BAUDELAIRE, HIPPOLYTE CASTILLE, CHARLES MONSELET,
E. DE LA BÉDOLLIÈRE, CASTAGNARY, TH. PELLOQUET,
E. GLORIEUX, ALPHONSE DUCHESNE,
A. PRIVAT D'ANGLEMONT, FIRMIN MAILLARD

DESSINS PAR

G. COURBET, BONVIN, AMAND GAUTIER, G. STAAL,
H. HANOTEAU, LÉOPOLD FLAMENG, LÉON BAILLY, A. LEGLERC,
MARIANI, CASANO, BÉNASSIS

GRAVURES PAR

J. RÉGNIER ET LELLOI

PRIX : 50 CENTIMES

PARIS

EUGÈNE PICK, LIBRAIRE-ÉDITEUR

5, RUE DU PONT DE LODI, 5

1860

AVIS DE L'ÉDITEUR

L'*Almanach parisien*. dont le succès n'est pas douteux, se trouvera bientôt dans toutes les mains intelligentes, et a sa place marquée dans toutes les bibliothèques.

Toutes les curiosités, célébrités et mystères de Paris, — Beaumarchais et Alphonse Karr, Grimm, Rivarol et Henri Heine, etc., se trouvent là représentés par leurs ascendants et leurs descendants.

L'*Almanach parisien*, dont nous tenons aujourd'hui toutes les promesses, sera continué chaque année avec le concours des écrivains et des artistes les plus aimés du public, et le même soin typographique.

Eug. PICK.

JANVIER 1860 | FÉVRIER. | MARS.

Les jours croissent de 1 heure 5 minutes. — Les jours croissent de 1 heure 51 minutes. — Les jours croissent de 1 heure 51 minutes.

JANVIER 1860			FÉVRIER.			MARS.		
D	1	Circoncision.	m	1	s. Ignace.	j	1	s. Aubin.
l	2	s. Basile, év.	j	2	PURIFICATION.	v	2	s. Simplice.
m	3	s° Geneviève.	v	3	s. Blaise.	s	3	s° Cunégonde.
m	4	s. Rigobert.	s	4	s. Gilbert.	D	4	Reminiscere.
j	5	s° Amélie.	D	5	Septuagésime.	l	5	s. Drausin.
v	6	EPIPHANIE.	l	6	s. Vaast.	m	6	s° Colette.
s	7	Noces.	m	7	s. Romuald.	m	7	s° Gertrude.
D	8	s. Lucien, év.	m	8	s. Jean de M.	j	8	s. Jean de D.
l	9	s. Pierre, év.	j	9	s° Apolline.	v	9	s° Françoise.
m	10	s. Paul, erm.	v	10	s° Scholastique	s	10	s. Clotaire.
m	11	s. Théodore.	s	11	s. Severin.	D	11	Oculi.
j	12	s. Arcade, M.	D	12	Sexagésime.	l	12	s. Pol, év.
v	13	Bapt. de J. C.	l	13	s. Lézin.	m	13	s° Euphrasie.
s	14	s. Hilaire, év.	m	14	s. Euloge.	m	14	s. Lubin.
D	15	s. Maur, ab.	m	15	s. Faustin.	j	15	s. Fulbert.
l	16	s. Guillaume.	j	16	s. Zacharie.	v	16	s. Cyriaque.
m	17	s. Antoine. ab.	v	17	s. Sylvain.	s	17	s. Abraham.
m	18	Ch. s. P. à R.	s	18	s. Siméon, év.	D	18	Lœtare.
j	19	g. Sulpice.	D	19	Quinquagésime.	l	19	s. Joseph.
v	20	s. Sébastien.	l	20	s. Eucher.	m	20	s. Joachim.
s	21	s° Agnès, v. m.	m	21	Mardi-gras.	m	21	s. Benoît.
D	22	s. Vincent.	m	22	CENDRES.	j	22	s. Léo.
l	23	s. Ildefonse.	j	23	s° Isabelle.	v	23	s. Victorien.
m	24	s. Babylas, év.	v	24	s. Mathias.	s	24	s. Simon, m.
m	25	Conv. s. Paul.	s	25	s° Taraise.	D	25	Passion. Annon.
j	26	s° Paule.	D	26	Quadragésime.	l	26	s. Ludger, év.
v	27	s. Julien.	l	27	s. Léandre.	m	27	s. Rupert, év.
s	28	s. Charlemagne.	m	28	s. Blanchard.	m	28	s. Gontran.
D	29	s. Franç. de S.	m	29	Qua're-Temps.	j	29	s. Frisque.
l	30	s° Batbilde.				v	30	s. Rieul.
m	31	s. Pierre, n.				s	31	s° Balbine.

N. d'O. 18. Ep. VII. Cyc. 21. Ind. R. 3. Let. AG.

Janvier :
P. Q. le 1, à 10 h. 57 m. du matin.
P. L. le 8, à 3 h. 32 m. du soir.
D. Q. le 15, à 7 h. 7 m. du matin.
N. L. le 23, à 0 h. 26 m. du matin.
P. Q. le 31, à 5 h. 20 m. du matin.

Février :
P. L. le 7, à 2 h. 44 m. du matin.
D. Q. le 13, à 6 h. 59 m. du soir.
N. L. le 21, à 7 h. 48 m. du soir.
P. Q. le 29, à 8 h. 4 m. du soir.

Mars :
P. L. le 7, à 0 h. 53 m. du soir.
D. Q. le 14, à 9 h. 17 m. du matin.
N. L. le 22, à 2 h. 5 m. du soir.
P. Q. le 30, à 7 h. 2 m. du matin.

AVRIL.			MAI.			JUIN.		
Les jours croissent de 1 heure 43 minutes.			Les jours croissent de 1 heure 21 minutes.			Les jours croissent de 14 minutes.		
D	1	RAMEAUX.	m	1	s. Philippe.	v	1	s^te Olympe.
l	2	s. Fr. de P.	m	2	s. Athanase.	s	2	s. Pothin.
m	3	s. Richard.	j	3	Inv. s^te Croix.	D	3	TRINITÉ.
m	4	s. Elphage.	v	4	s^te Monique.	l	4	s. Lié.
j	5	s. Ambroise.	s	5	Conv. s. Aug.	m	5	s. Boniface.
v	6	*Vendredi saint.*	D	6	s. Jean P. L.	m	6	s. Claude, év.
s	7	s. Pancrace.	l	7	s. Stanislas.	j	7	FÊTE-DIEU.
D	8	PAQUES.	m	8	s. Désiré, év.	v	8	s. Médard.
l	9	s^e Marie Eg.	m	9	Tr. s. Nicaise.	s	9	s. Prime.
m	10	s^te Azélie.	j	10	s. Gordien.	D	10	s. Landri.
m	11	s. Jules.	v	11	s. Pacôme.	l	11	s. Barn.
j	12	s. Anicet, P.	s	12	s. Isidore.	m	12	s. Basilide.
v	13	s. Marcelin.	D	13	s. Léger.	m	13	s. Ant. de P.
s	14	s. Tiburce.	l	14	*Rogations.*	j	14	s. Rufin.
D	15	QUASIMODO.	m	15	s. Pothin.	v	15	s. Modeste.
l	16	s. Fructueux.	m	16	s. Optat.	s	16	s. Fargeau.
m	17	s. Anicet.	j	17	ASCENSION.	D	17	s. Avit
m	18	s. Parfait, P.	v	18	s. Venance.	l	18	s^te Marine.
j	19	s. Léon, P.	s	19	s. Yves.	m	19	s. Gervais.
v	20	s. Anselme.	D	20	s. Bernardin.	m	20	s. Silvère.
s	21	s. Théotime.	l	21	s. Donatien.	j	21	s. Leufroi, ab.
D	22	s^te Opportune.	m	22	s^te Pélagie.	v	22	s. Paulin.
l	23	s. Georges.	m	23	s^e Didier.	s	23	s. Félix.
m	24	s. Robert.	j	24	s^te Jeanne.	D	24	Nat. s. J.-Bapt.
m	25	s. Marc, ab.	v	25	s. Urbain.	l	25	s. Prosper.
j	26	s. Clet, P.	s	26	*Vigile Jeûne.*	m	26	s. Babolein.
v	27	s. Anthime.	D	27	PENTECOTE.	m	27	s. Crescent.
s	28	s. Polycarpe.	l	28	s. Quadrat.	j	28	s. Irénée.
D	29	s. Vital.	m	29	s. Maximin.	v	29	s. Pierre s. Paul.
l	30	s. Eutrope.	m	30	*Quatre-Temps.*	s	30	Com. s. Paul.
			j	31	s^te Pétronille.			

AVRIL
- P. L. le 5, à 10 h. 10 m. du soir.
- D. Q. le 13, à 1 h. 44 m. du matin.
- N. L. le 21, à 5 h. 55 m. du matin.
- D. Q. le 28, à 2 h. 45 m. du matin.

MAI
- P. L. le 5, à 7 h. 11 m. du matin.
- D. Q. le 12, à 7 h. 26 m. du soir.
- N. L. le 20, à 6 h. 55 m. du soir.
- P. Q. le 27, à 8 h. 14 m. du soir.

JUIN
- P. L. le 3, à 4 h. 55 m. du soir.
- D. Q. le 11, à 1 h. 13 m. du matin.
- N. L. le 19, à 5 h. 32 m. du matin.
- P. Q. le 26, à 0 h. 45 m. du matin.

JUILLET.			AOUT.			SEPTEMBRE.		
Les jours diminuent de 39 minutes.			Les jours diminuent de 1 heure 38 minutes.			Les jours diminuent de 1 heure 4 minutes.		
U	1	s'° Éléonore.	m	1	s'° Sophie.	s	1	s. Lou, s. Gilles.
l	2	Visitation N.-D.	j	2	s. Étienne, P.	D	2	s. Lazare.
m	3	s. Thierry.	v	3	Inv. s. Étienne.	l	3	s. Grégoire.
m	4	Tr. s. Martin.	s	4	s. Dominique.	m	4	s'° Rosalie.
j	5	s'° Zoé, m.	D	5	s. Yon.	m	5	s. Bertin, ab.
v	6	s. Tranquillin.	l	6	Transfig. J. C.	j	6	s. Onésiphore.
s	7	s'° Aubierge.	m	7	s. Gaëtan.	v	7	s. Cloud. Pr.
D	8	s. Procope.	m	8	s. Justin, m.	s	8	Nativité N. D.
l	9	s Cyrille, év.	j	9	s. Amour.	D	9	s. Omer, év.
m	10	s'° Félicité.	v	10	s. Laurent, év.	l	10	s'° Pulchérie.
m	11	Tr. s. Benoît.	s	11	s'° Suzanne.	m	11	s. Hyacinthe.
j	12	s. Gualbert.	D	12	s'° Claire.	m	12	s. Raphaël.
v	13	s. Eugène.	l	13	s. Hippolyte.	j	13	s. Maurille.
s	14	s. Bonaventure.	m	14	*Vigile-jeûne.*	v	14	Exal. s'° Croix.
D	15	s. Henri, emp.	m	15	ASSOMPTION.	s	15	s. Nicodème.
l	16	s. Eustate, év.	j	16	s. Roch.	D	16	s. Corneille.
m	17	s. Alexis.	v	17	s. Mammès.	l	17	s. Lambert.
m	18	s. Thomas d'Aq.	s	18	s'° Hélène, imp.	m	18	s. Jean Chrysos.
j	19	s. Vincent de P.	D	19	s. Louis, év.	m	19	*Quatre-Temps.*
v	20	s'° Marguerite.	l	20	s. Bernard, ab.	j	20	s. Eustache.
s	21	s. Victor, m.	m	21	s. Privat, év.	v	21	s. Matthieu.
D	22	s'° Madeleine.	m	22	s. Symphorien.	s	22	s. Maurice.
l	23	s. Apollinaire.	j	23	s. Sidoine.	D	23	s'° Thècle. v.
m	24	*Jours canicul.*	v	24	s. Barthélemy.	l	24	s. Andoche.
m	25	s. Jacques le M.	s	25	s. Louis, roi.	m	25	s. Firmin.
j	26	Tr. s. Marcel.	D	26	*Fin des j. canic.*	m	26	s'° Justine, v.
v	27	s. Pantaléon.	l	27	s. Césaire, év.	j	27	s. Côme, s. D».
s	28	s'° Anne.	m	28	s. Augustin.	v	28	s. Céran, év.
D	29	s'° Marthe.	m	29	s. Méléric.	s	29	s. Michel, Arch.
l	30	s. Abdon.	j	30	s. Fiacre.	D	30	s. Jérôme.
m	31	s. Germain l'A.	v	31	s. Ovide.			

☽ P. L. le 3, à 4 h. 16 m. du matin.
☾ D. Q. le 11, à 6 h. 7 m. du matin.
◉ N. L. le 18, à 2 h. 29 m. du soir.
☽ P. Q. le 25, à 5 h. 49 m. du matin.

☽ P. L. le 1, à 5 h. 43 m. du soir.
☾ D. Q. le 9, à 9 h. 35 m. du soir.
◉ N. L. le 16, à 10 h. 29 m. du soir.
☽ P. Q. le 23, à 0 h. 59 m. du soir.
☽ P. L. le 31, à 9 h. 6 m. du matin.

☾ D. Q. le 8, à 11 h. 15 m. du matin.
◉ N. L. le 15, à 6 h. 18 m. du matin.
☽ P. Q. le 21, à 11 h. 54 m. du soir.
☽ P. L. le 30, à 1 h. 49 m. du matin.

OCTOBRE. | NOVEMBRE. | DÉCEMBRE.

OCTOBRE.

Les jours diminuent de 1 heure 48 minutes.

l	1	s. Rémy, év.
m	2	ss. Anges Gard.
m	3	s. Cyprien.
j	4	s. Franç. d'Ass.
v	5	ste Aure, v.
s	6	s. Bruno.
D	7	s. Serge.
l	8	ste Brigitte.
m	9	s. Denis, év.
m	10	s. Géréon.
j	11	s. Gomer.
v	12	s. Vilfrid.
s	13	s. Gérand.
D	14	s. Calixte, pape.
l	15	ste Thérèse, v.
m	16	s. Gal, év.
m	17	s. Cerbonet.
j	18	s. Luc, évang.
v	19	s. Savinien.
s	20	s. Caprais.
D	21	ste Ursule.
l	22	s. Mellon, év.
m	23	s. Hilarion.
m	24	s. Magloire.
j	25	s. Crép., s. Cr.
v	26	s. Rustique.
s	27	s. Frumence.
D	28	s. Simon, s. J.
l	29	s. Taron, év.
m	30	s. Lucain.
m	31	Vigile-jeûne.

☽ D. Q. le 7, à 11 h. 13 m. du soir.
● N. L. le 14, à 2 h. 46 m. du soir.
☽ P. Q. le 21, à 2 h. 20 m. du soir.
☺ P. L. le 29, à 6 h. 58 m. du soir.

NOVEMBRE.

Les jours diminuent de 1 heure 21 minutes.

j	1	TOUSSAINT.
v	2	Trépassés.
s	3	s. Marcel, év.
D	4	s. Charles B.
l	5	s. Zacharie.
m	6	s. Léonard.
m	7	s. Florent.
j	8	stes Reliques.
v	9	s. Mathurin.
s	10	s. Juste.
D	11	s. Martin, év.
l	12	s. Réné, év.
m	13	s. Brice, év.
m	14	s. Bertrand.
j	15	ste EUGÉNIE.
v	16	s. Edme, Ar.
s	17	s. Agnan, év.
D	18	ste Aude, v.
l	19	ste Elisabeth.
m	20	s. Edmond, R.
m	21	PRÉSENT. N. D.
j	22	ste Cécile.
v	23	s. Clément.
s	24	s. Séverin, S.
D	25	ste Catherine.
l	26	AVENT.
m	27	s. Sosthène.
m	28	s. Maxime.
j	29	s. Saturnin.
v	30	s. André.

☽ D. Q. le 6, à 9 h. 28 m. du matin.
● N. L. le 13, à 0 h. 45 m. du matin.
☽ P. Q. le 20, à 9 h. 2 m. du matin.
☺ P. L. le 28, à 11 h. 47 m. du matin.

DÉCEMBRE.

Les jours diminuent de 10 minutes.

s	1	s. Eloi, év.
D	2	s. Franç. Xav.
l	3	s. Eloque.
m	4	ste Barbe.
m	5	s. Sabas, ab.
j	6	s. Nicolas, év.
v	7	ste Fare, v.
s	8	CONCEP. N. D.
D	9	ste Gorgonie.
l	10	ste Valère, v.
m	11	s. Daniel.
m	12	s. Valeri.
j	13	ste Luce, v., m.
v	14	s. Nicaise.
s	15	s. Mesmin.
D	16	ste Adélaïde.
l	17	ste Olympe.
m	18	s. Gatien, év.
m	19	Quatre-Temps.
j	20	ste Philogone.
v	21	s. Thomas, ap.
s	22	s. Honorat.
D	23	ste Victoire.
l	24	Vigile Jeûne.
m	25	NOEL.
m	26	s. Etienne.
j	27	s. Jean, évang.
v	28	ss. Innocents.
s	29	s. Trophime.
D	30	s. Sabin.
l	31	s. Sylvestre.

☽ D. Q. le 5, à 6 h. 9 m. du soir.
● N. L. le 12, à 0 h. 57 m. du soir.
☽ P. Q. le 20, à 6 h. 19 m. du matin.
☺ P. L. le 28, à 5 h. 26 m. du matin.

AUX LECTEURS

Le grand Mathjeu Laensberg, créateur de l'Almanach, l'appela *Liégeois* parce qu'il le fit à Liége. Ce fut un motif.

Poussé par la même logique, nous créons à Paris l'ALMANACH PARISIEN; personne n'avait encore pensé à le faire, quoiqu'il eût été de bon sens vraisemblablement de risquer cette publication.

L'ALMANACH PARISIEN eût dû être fondé avant tous autres, à Paris ; au contraire, il est le dernier venu, ce dont les intelligents ne s'étonneront guère, sachant que ce qui est raisonnable ne se fait pas souvent.

Nous le nommons *Parisien*, non-seulement parce qu'il naît à Paris, mais aussi parce qu'il ne s'occupera exclusivement que des hommes et des choses parisiens.

On peut juger du but que nous nous proposons d'atteindre en feuilletant ce petit volume. On y verra déjà des esquisses de la physionomie de Paris dont nous compléterons la peinture d'année en année. Le passé, l'avenir, le présent surtout, seront portraiturés fidèlement par les meilleurs artistes de la nouvelle génération. On remarquera aussi que nous introduisons, pour la fabrication des livres d'art, des noms de peintres, connus par des œuvres considérables, mais complétement étrangers jusqu'à présent à l'illustration des volumes.

Tous les événements ou faits importants qui se passeront à Paris auront, chaque année, dans notre Almanach, un article spécial signé d'un nom de poëte ou de littérateur vrai. — Les sciences et l'industrie ne seront pas plus omises que les arts.—Nous reproduirons par la gravure les grandes œuvres de la peinture et de la sculpture.Nous parlerons soigneusement des productions musicales et littéraires.—Finalement, tous les succès, toutes les célébrités, les mystères, bêtes et gens, œuvres et monuments, fêtes et établissements publics ou particuliers, Paris et ses environs, seront représentés par des comptes rendus et des vignettes exacts.

Voici notre programme qui est une promesse déjà tenue pour cette année, ce que démontre le présent volume,

FÊTES DES ENVIRONS DE PARIS

Alfort, 2e dim. de juillet.—Arcueil, le dim. après la St-Denis.—Argenteuil, à la St-Jean.—Asnières, 17 septembre.—Auteuil, 5 août et le dim. suiv. — Bagnolet, 1er dim. de septembre. — Bellevue-sous-Meudon, 15 et 16 août.—Belleville, à la Saint-Jean. — Bercy, le dim. après le 8 août. — Bondy, lundi de Pâques.—Boulogne, 1er et 2e dim. de juillet.—Bourg-la-Reine, 1er dim. après le 24 juin.—Charenton, le 2e dim. de juillet.—St-Maurice, dernier dim. de septembre. — Charonne, 10 août. — Chaville, 15 août.—Choisy-le-Roy. dim. après la Saint-Louis (3 jours).—Clichy, le dim. après le 8 juin.—Colombes, 4 juillet.—Corbeil, 20 mai. — Courbevoie, 1er dim. d'août.—Créteil, 1er juillet. — Fleury-sous-Meudon, dernier dim. de juillet et 1er dim. d'août. — Fontenay-sous-Bois, 1er dim. d'août.—Fontenay-aux-Roses, dim. après le 16 juillet.—Gentilly, 2e dim. de mai.—Gonesse, jour de la Pentecôte.—Ile-St-Denis, dim. après la St-Jean.—Issy, 1er dim. d'août. — Ivry (à la Gare), 1er dim. d'août. — Jouy, 1er dim. après le 7 août.—Les Loges, 1er dim. de septembre (3 jours). — Longjumeau, 24 juin. — Marly. dim. après le 25 août. —Ménilmontant, 1er dim. d'août.—Mennecy, 4 juillet.—Meudon. 2e dim. après le 4 juillet. —Montlhéry, 29 septembre.—Montmartre, 4 juillet.—Mont-Parnasse, près la barrière du Maine, 15 août. — Montmorency, 25 juillet. — Montreuil-sous-Bois, dim. après la Saint-Pierre.—Montrouge, 28 juillet.—Nanterre, dernier dim. de mai ; le 6 juin cour. de la rosière. — Neuilly-sur-Seine, dim. avant et après la Saint-Jean.—Nogent, jour de la Pentecôte.—Pantin, 2e dim. d'août.—Passy, 1er dim. de mai.—Pecq (Le), 1er dim. d'août. — Pont-Saint-Maur, dim. après la Saint-Laurent. — Prés-Saint-Gervais, 1er dim. d'août.—Petite-Villette (La), 1er août. — Puteaux, 1er dim. après Saint-Louis.—Romainville, 1er dim. d'août.—Rueil, à la Saint-Jean.—St-Cloud, 7 septembre (15 jours).—Saint-Germain-en-Laye, 28 mai.—Saint-Mandé, dim. après la Saint-Pierre. — Saint-Ouen, 25 août. — Sceaux, à la Saint-Jean. — Sèvres, dim. après la Saint-Jean. — Suresnes, cour. de la Rosière, 15 août; 1er dim. après la Saint-Louis. — Vanves, 3e dim. d'oct. — Vaugirard. les 20 et 27 septembre. — Versailles, 1er mai. 25 août et 2 octobre.—Ville-d'Avray, près Saint-Cloud, 15 juin.—Villette (La), dim., lundi et mardi après la Sainte-Madeleine. — Vincennes, dim. après le 15 août.

Nota. Les fêtes qui tombent les jours de la semaine sont remises au dimanche.

LES PARISIENS D'AUJOURD'HUI

J'étais un soir assis à l'orchestre de je ne sais plus quel théâtre, lorsqu'un mien voisin, habitué du lieu, et fort au courant de la petite chronique, se mit à me raconter l'histoire des comédiens et des comédiennes à mesure qu'ils entraient en scène.

« Vous voyez bien, me dit-il, ce don Juan, je le connais beaucoup. Il est marié, père de famille et garde national. C'est un garçon rangé qui met à la caisse d'épargne et achète des coins de vigne dans son pays. Malheureusement sa femme, qui joue les mères vertueuses sur d'autres planches, a la passion des liqueurs fortes et du baccarat. Elle a été galante et a fait de bonnes affaires sous Louis-Philippe dans les chemins; mais elle dissipe dans ses vieux jours les économies de sa jeunesse. Avouez que la vieillesse prodigue est quelque chose de fort original? »

Au fond du cœur je donnais mon voisin à tous les diables. L'illusion du théâtre venait de tomber comme par enchantement. Le don Juan de la pièce avait beau étaler sa jambe et secouer ses dentelles, je le voyais toujours son livret de caisse d'épargne à la main, à côté de sa vieille femme joueuse et buveuse d'eau-de-vie.

« Pardon, reprit mon voisin; je gage que vous ne devineriez jamais les goûts de cette Célimène? Oh ! c'est une femme précieuse. Je vous la donne pour une rareté. Beau talent, tenue parfaite, jolie figure, grands airs, traditions de cour, elle n'a pas sa pareille pour les grandes coquettes. Eh bien, elle s'est trompée de profession. Vous ne devineriez jamais sa vocation secrète. Elle était née pour être fille de basse-cour ou gardeuse de dindons. Cela vous étonne. Sachez donc qu'aussitôt sortie du théâtre elle monte en voiture et s'enfuit à la campagne. Là, plus de belles robes, plus de belles manières. Elle met un tablier de cuisine et fait la pâtée à ses poulets. — Célimène a eu quelque affaire dans le temps avec un grand seigneur; mais l'obligation de se laver les mains lui était si insupportable, qu'elle a renoncé aux avantages de ce commerce. Elle ne rêve qu'une chose : amasser un peu d'argent, se marier avec un petit ragot qu'elle idolâtre, et se livrer à ses goûts rustiques. — Mais jamais elle n'y arrivera, car cette pauvre créature que vous voyez si fine et si spirituelle, si charmante, est par-dessus toute chose le désordre incarné. »

Célimène gardeuse de dindons, Célimène fille de basse-cour, Célimène faisant de la pâtée aux poulets, Célimène amoureuse d'un bossu, Célimène les mains sales !... Pour le coup, je priai mon voisin de m'épargner ses portraits.

« Un moment, répliqua-t-il, je ne vous fais pas grâce

de cette petite personne qui vient d'entrer par la coulisse
de gauche. »

Il me montra l'ange au maintien le plus modeste qui se
puisse imaginer. Cette pensionnaire égarée sur les planches
ne coquetait pas avec les avant-scènes, comme la plupart
des ingénues. Sa diction simple et pure, sa mise décente,
la chaste expression de ses traits, m'inspiraient un vif intérêt. Elle débitait un rôle digne de la morale en action.

« Remarquez, dis-je à mon voisin, avec quel naturel
elle récite son rôle !

— En effet, me répondit-il, c'est d'un naturel parfait.

— On ne trouve pas souvent, continuai-je, de pareils
rôles dans nos comédies dites de mœurs. Les auteurs, con-
naissant, à n'en pas douter, le caractère de cette délicieuse
enfant, ont voulu tirer parti de ses qualités en traçant
pour elle ce rôle si doux et si chaste.

— Vous avez deviné juste, répondit-il, les auteurs la
connaissent de longue date. Elle joue ces rôles-là depuis
l'âge de douze ans, elle en a aujourd'hui dix-huit. C'est
un talent d'un genre tout particulier. Quant à la petite en
elle-même, c'est bien la plus folle créature qu'on puisse trouver dans tout Paris. Imaginez-vous la corruption vivante.
Et avec cela un esprit, une verve, un cynisme... Nous l'a-
vions hier à souper : je ne vous raconterai pas toutes les
drôleries qu'elle a faites et dites en trois heures. C'est à
faire dresser les cheveux sur la tête. »

Je n'écoutais plus. En revanche, la pièce m'était devenue
insupportable. Elle me faisait l'effet d'un paradoxe absurde
et ridicule. Célimène, don Juan et l'ingénue déployaient
en vain les ressources infinies de leur talent, je les trou-
vais odieux, faux, outrageants. J'aurais de bon cœur
fait baisser la toile et renvoyé l'ingénue à ses orgies,

don Juan à sa vieille femme, et Célimène à ses dindons.

« Qu'avez-vous? dit mon voisin. Vous paraissez affecté Seriez-vous assez simple pour attacher quelque importance à la vie privée des gens qui montent sur les planches pour vous amuser? Allons donc! ce serait se montrer plus sévère à l'égard des comédiens qu'on ne l'est envers les hommes d'État. D'ailleurs, vous ne connaissez qu'un côté de la médaille. Vous verrez dans la pièce suivante une actrice charmante qui joue le rôle d'une coquine trompant trois amants à la fois. Cette femme n'en est pas moins la plus estimable personne du monde. Elle adore son mari et ses enfants. On ne lui connaît pas la plus petite aventure. Elle vit en bonne mère de famille, et chacun la respecte et l'aime comme elle le mérite.

—Je vous avoue, répliquai-je, que, loin de me consoler, ce tableau m'affligera peut-être encore plus que celui-ci. A coup sûr il est blessant de voir le vice contrefaire la vertu. Pourtant cela se rencontre souvent dans la vie réelle. Mais la vertu contrefaisant le vice est pour moi le bouleversement de toutes les idées. Un tel spectacle me révolte plus que je ne saurais l'exprimer, et j'en suis blessé dans la plus noble partie du cœur.

— Mais vous faites ici le procès au théâtre tout entier. Cette contradiction entre le rôle et le caractère de l'acteur est le propre même de sa profession.

— C'en est le vice.

— Le vice, soit; mais qu'y faire?

— Rien, répondis-je. Et vous venez par ce mot de mettre le doigt sur la plaie. Le théâtre moderne est un abîme de déception. Raisonner sur le théâtre, c'est tomber dans le bleu le plus obscurément bleu de l'esthétique allemande. »

Cette conversation, qui doit se renouveler cent fois par an dans chaque théâtre de Paris, m'est restée dans l'esprit comme un cadre propre à recevoir toutes les réflexions imaginables sur le théâtre. Elle me rappelait ce passage des *Dialogues* de Platon, où, après avoir démontré d'une façon si ingénieuse les dangers de l'imitation théâtrale, il arrive à ces conciliantes conclusions : « En imposant silence aux poëtes, accordons à leurs amis la liberté de les défendre et de nous montrer, s'ils peuvent, que l'art condamné par nous comme nuisible n'est pas seulement agréable, mais utile à la république et aux citoyens. Écoutons leurs raisons d'une oreille impartiale, et convenons de bon cœur que nous aurons beaucoup gagné pour nous-mêmes, s'ils prouvent qu'on peut se livrer sans risque à de si douces impressions. Autrement, mon cher Glaucus, comme un homme sage épris des charmes d'une maîtresse, voyant sa vertu prête à l'abandonner, rompt, quoique à regret, une si douce chaîne, et sacrifie l'amour au devoir et à la raison ; ainsi, livrés dès notre enfance aux attraits séducteurs de la poésie, et trop sensibles peut-être à ses beautés, nous nous munirons pourtant de force et de raison contre ses prestiges. »

Mais le dialogue de mon voisin, plus cruel que le dialogue de Platon, découvrait des abîmes dont le philosophe grec n'avait pu sonder la profondeur. Autre chose est le théâtre antique et la salle du *Gymnase* ou des *Variétés*. Autrefois le théâtre était moins un amusement que la célébration des cérémonies sacrées dont l'acteur est le prêtre. Plus tard il devint un enseignement, une sorte de tableau historique destiné à perpétuer le souvenir des grandes actions. C'était à la face du ciel et en présence de tout un peuple que le drame se jouait. L'acteur devenait ainsi une sorte d'orateur qui venait raconter à ses concitoyens par quelles crises douloureuses ou terribles leurs ancêtres avaient passé avant d'assurer les destinées de la patrie.

Il paraît que l'entrée des femmes sur la scène a tout gâté. Les femmes, dans les plis de leur robe, ont apporté la volupté, la galanterie et la foule de jolies choses connues sous le nom de corruption.

Je ne veux pas recommencer ici le grand procès intenté par Platon, ni même la querelle encyclopédique de M. d'Alembert et de Jean-Jacques. Il y a dans la profession en elle-même bien assez de ronces et d'épines où s'accroche la pensée. Je ne parlerai que des cinq ou six cas de conscience qui n'ont pas cessé de me tourmenter depuis quinze ans que j'ai sous les yeux les théâtres de Paris.

Afin qu'on ne puisse pas se méprendre sur mon sentiment de façon ou d'autre, je m'empresse avant tout de dire que je hais la corruption, même au théâtre; mais j'ajouterai qu'au théâtre, comme ailleurs on rencontre d'honnêtes gens. Et si l'ombre de M. d'Alembert me faisait l'honneur de venir s'asseoir dans ce fauteuil qui reçoit mes visiteurs, je lui dirais avec Rousseau : « Un comédien qui a de la modestie, des mœurs, de l'honnêteté, est, comme vous l'avez très-bien dit, doublement estimable, puisqu'il montre par là que l'amour de sa vertu l'emporte en lui sur les passions de l'homme et sur l'ascendant de la profession. »

J'ai eu plusieurs fois l'occasion de rencontrer des comédiens, notamment ceux du Théâtre-Français, dans les salons de l'ancien commissaire du gouvernement, M. Houssaye. Je les ai trouvés très-bien. M. Provost, entre autres, a l'air d'un président de la chambre des notaires. Quant aux comédiennes, la plupart se distinguaient non-seulement par leur beauté, mais encore par la décence des manières et des ajustements. Ces allures ne se trouvent pas au boulevard, où il est aisé de reconnaître deux acteurs sur le trottoir, rien qu'à la façon solennelle et déclamatoire dont ils se donnent le bonjour. Ils sont peut-être aussi honnêtes, mais l'usage du mélodrame gâte leur ton. Vous n'ignorez pas qu'un de ces comédiens, M. Moessard, a obtenu le prix Monthyon.

Je ne veux pas dire le nom de la comédienne vertueuse dont il est question dans le dialogue avec mon voisin; mais, en vérité, je ne puis songer à cette honnête actrice sans me rappeler ce pauvre histrion de *Gil Blas*, qui casse ses croûtes au bord d'une fontaine en déplorant la vertu de sa femme. Plus tard la femme s'humanise, et notre homme se remplume. « Triste, oh! triste! » comme dit l'abbé dans les *Marrons du feu*.

J'en reviens à la profession. A mon sens, elle est un mystère. *Si vis me flere, fletis*, dit le poëte latin. Mais voici que Diderot, avec un escadron d'arguments étincelants comme une belle troupe au soleil, me prouve au contraire que le cri qui va toucher en moi telle ou telle note du clavier des sentiments n'est qu'une affaire de larynx, une émission vocale d'après la quantité voulue : ton, demi-ton, soupir, blanche, noire, etc., l'algèbre appliquée à la métaphysique.

Alors j'éprouve le besoin de quitter le *Paradoxe sur le comédien* pour reprendre quelque livre moins démonstrateur et plus persuasif. Je relis ces douces pages où Wilhelm Meister raconte après souper, à Marianne endormie, comment s'empara de lui le démon des marionnettes. Il rappelle ce dimanche où, méditant à l'office un larcin de pruneaux, de poires tapées et d'écorces d'oranges conlites, il découvrit parmi les boîtes, les sacs et les petits pots, une caisse de marionnettes. Dès lors le voilà qui oublie dans les mansardes solitaires sa propre individualité pour s'identifier avec l'âme des héros. « Je me croyais, dit-il, tantôt David, tantôt Goliath. »

Ici gît le côté grave de la question. Ne craindriez-vous pas qu'à force d'être tantôt David, tantôt Goliath ou quelque autre héros ou géant, ou simplement Mayeux ou Robert-Macaire, qu'à force de sortir de vous-même pour entrer dans une incarnation étrangère, votre âme, un beau jour, ne retrouvât pas le chemin de son propre corps et ne devînt un oiseau volage, une folle voyageuse errant de logis en logis? Que resterait-il alors dans ce pauvre corps, sinon un grand vide, c'est-à-dire une grande vanité? Car tout ce qui est vide est vain, et tout ce qui est vain est vide.

Être Goliath ou David, et tour à tour David et Goliath, être autre chose que soi-même, quelle horrible et fatale destinée !

Et voyez quelles affinités profondes entre la psychologie du théâtre et ses réalisations artistiques; voyez quelle déception perpétuelle, quelle apparence formidable et quelle insaisissable réalité! Il faut évidemment qu'il y ait là-dessous un vice originel. Les comédiens sont peut-être des artistes qui, n'ayant eu le courage ni de rimer, ni de sculpter, ni de peindre, ont préféré une *réalisation immédiate et fugitive* à la peine de fixer l'idéal qu'ils avaient conçu.

Aussi l'on peut dire de cet art qu'il meurt à mesure qu'il naît. La peinture, la musique et la poésie vivent à travers les siècles, mais l'art dramatique a-t-il réellement une durée? C'est à l'artiste du théâtre qu'est surtout in-

fligée la dure condition de se survivre à lui-même et de
mener son propre deuil. Que reste-t-il du plus grand
comédien quand l'âge et les infirmités l'ont banni de la
scène? Un faible souvenir qui va s'éteignant avec la génération contemporaine, tandis que le héros meurt ignoré
dans un coin.

L'acteur Frédérick Lemaître descend sur les planches.
Tour à tour apparaissent à mes yeux des silhouettes
qu'eût enviées Callot ; des têtes sorties des toiles de Rem-
brandt, des personnages bouffons ou terribles à peupler
vingt poëmes. Cependant la toile tombe ; l'acteur n'a pas
encore jeté ses guenilles et essuyé son fard, que tous ces
chefs-d'œuvre ont disparu.

C'est de l'art qui s'évapore.

Le comédien fait exhibition de sa personne et s'en-
gloutit dans une individualité variable, multiple, fictive.

Par ces motifs, je n'ai jamais bien compris la passion
de certains hommes pour les femmes de théâtre. On dit de
ces femmes : Elles n'aiment que le parterre. Cela est
juste et conforme à leur destinée. En revanche, il me
semble qu'on ne doit aimer la femme de théâtre que sur
la scène, comme un idéal impossible, irréalisable, une
chimère.

J'ai ouï dire, ainsi que tout le monde à Paris, que le
célèbre poëte Gérard de Nerval avait été amoureux d'une
fille de théâtre nommée Jenny Colon. Des amis, on de-
vrait dire des pavés, imaginèrent un moyen de vaincre les
timidités du poëte et d'amener entre lui et l'objet de ses
rêves un de ces mariages morganiques trop communs
dans le monde des arts à Paris. Quelle grossièreté ! Combien la délicatesse de M. Gérard de Nerval dut souffrir de
se réveiller après quelque souper au champagne dans les

bras de cette belle statue qui n'avait jamais fait de martyrs !

L'accouplement d'une comédienne et d'un poëte me fait l'effet des amours de deux poitrinaires. Comment ne reculent-ils pas d'horreur à la pensée d'un tel inceste?, car ce ne peut être qu'un inceste ou bien la réunion de deux maladies.

Fort peu doué par la nature des talents qui font le versificateur et ne prétendant à rien de commun avec les poëtes, j'éprouve pourtant une susceptibilité singulière à l'égard des comédiennes. Il me semble que chez elles l'âme est toujours à la campagne ou qu'elle se promène de Clytemnestre à Ophélie, ou d'Ophélie à Marion. De sorte qu'il ne reste au logis que ce grand vide dont je vous parlais plus haut. Ces femmes ne sont que des apparences, mais, je l'avoue, de fort séduisantes apparences.

L'homme qui veut posséder une comédienne me fait donc l'effet d'une personne à qui on aurait donné un léger bijou et qui le briserait pour savoir ce qu'il pourrait trouver dedans. Il y trouverait de la colophane.

Les femmes de théâtre sont recherchées par plusieurs espèces d'hommes, les gros fonctionnaires ou millionnaires, les jeunes commis du commerce, clercs de notaire, agioteurs et jeunes provinciaux.

Chez les premiers, ce goût est un résultat de la satiété et de la vanité, une affaire de pachalik ; chez les derniers, c'est une naïve croyance à la réalité passionnelle de l'actrice. Elle exprime, donc elle sent. Que ceux-ci lisent le *Paradoxe sur le comédien*, et ils seront guéris de leur curiosité.

Un homme d'infiniment d'esprit, dont sur ce point je partage le sentiment, me disait qu'à ses yeux certaines femmes étaient comme ces gibiers qu'on regarde, qu'on admire, qu'on peut faire empailler, mais qu'on ne mange pas.

Nous devisions de ces bagatelles en descendant, par un beau soleil de mai, la pente des quartiers galants. On sait ce qu'aux premiers jours de printemps les rues de Notre-Dame-de-Lorette, Bréda, Saint-Georges, etc., versent de jolies femmes sur le boulevard Italien. A chaque instant le gibier se levait devant nos pas à grand froufrou d'ailes ou de falbalas. Je fis observer à mon compagnon que pour un homme aussi revenu des chimères du jeune âge il tournait bien souvent la tête. — « Ne vous en étonnez pas, me dit ce galant homme, je suis comme ces bons chiens de chasse qui marquent l'arrêt dès qu'ils sentent un oiseau, mais qui ne le tiennent point dès qu'ils ont reconnu à l'odeur et au plumage que c'est un de ces gibiers qu'un bon chasseur ne tire pas. Il m'est arrivé comme à tout le monde de tuer quelqu'un de ces volatiles. Mon cuisinier avait beau inventer des sauces et s'ingénier à les rendre mangeables, on y reconnaissait toujours un goût sauvage, une huile essentielle qui rebute l'appétit d'un homme comme il faut. »

A Dieu ne plaise que je compare les comédiennes à des corneilles et à des mouettes, encore moins aux demoiselles du bal Mabille; mais qu'il me soit permis de chercher le symbole de leurs grâces et de leurs charmes dans ces légères hirondelles dont nos yeux admirent les évolutions ou chez ces tendres rossignols qui savent si bien éveiller en nous des pensées d'amour.

Mais que diriez-vous d'un gentleman qui demanderait à son cuisinier un salmis d'hirondelles ou une brochette de rossignols?

HIPPOLYTE CASTILLE.

LE DÉPART DES SOLDATS DE PARIS

Durant tout le temps qu'a duré la dernière guerre, on
ne vit dans les cafés de Paris que des personnages occupés
à discuter et à faire des plans de bataille avec des allumettes. On lançait des charges de cavalerie, on massait les
carrés, on traversait le Mincio. Tel général, représenté par
un morceau d'allumette chimique, avait fait une grosse
faute. — Tel autre, allumette tout entière, sauvait la position. Il en résulta une dépense énorme d'allumettes. On
ne consommait plus que des allumettes. Quand un garçon
voyait entrer un habitué, immédiatement il lui servait des
allumettes et en offrait aux étrangers. Les limonadiers
agitèrent la question de savoir si l'on marquerait les porte-
allumettes comme les carafons d'eau-de-vie pour constater
le déficit. Il fut aussi proposé de servir les allumettes dans
des petits verres et des demi-tasses. Ces occupations bel-
liqueuses firent éclore dans le même temps une masse de
chants de guerre tous plus féroces les uns que les autres.
On n'entendit plus dans les brasseries que ce mot terrible : En avant! Des poëtes, rayés comme les nouveaux
canons, grondaient et lançaient des phrases coniques
pendant toute la soirée, sans plus boire de bière. — On
n'entendait que des détonations de vers. Ces expressions
meurtrières : En avant! et A la baïonnette! firent souvent
sortir de leurs comptoirs les limonadières pour venir

Départ des soldats de Paris pour la campagne d'Italie.

frapper doucement sur l'épaule le poëte patriotique et le prier de crier un peu moins haut. Tous les chants de guerre allaient partir pour l'Italie quand la paix survint. Ce fut une grande désolation parmi les poëtes militaires. Il fallut renoncer à l'enthousiasme guerrier que n'auraient pas manqué de soulever tant de vers et de refrains déjà tout équipés. Plusieurs éditeurs, que l'élan de ces Pindares de la ligne avait entraînés, eurent droit de se plaindre. On n'entendit plus de pétarades à rimes dans les cafés, *les chants avaient cessé!*

Quant à moi, envahi aussi par ce typhus de caserne, mais moins dangereusement, je fis assez gaiement une chanson comme eût fait Raffet un dessin; Darcier a composé une musique très-expressive et très-amusante : le tout fait partie de la collection des *Chants et Chansons populaires de la France*. Léon Bailly a dessiné la spirituelle vignette ci-derrière sur les couplets suivants, admirablement chantés par Darcier et par A. Lavarde, à qui le chant est dédié :

Sonnant sur le front de bandière,
Les fusils en alignement
Lancent un vif jet de lumière,
En se levant d'un mouvement!
Les cymbales, la grosse caisse,
S'impatientaient dans les cours!
La grande canne enfin se dresse
Et fait résonner les tambours!

Casseroles et batterie,
Toute une cuisine en fer-blanc,
Sur le sac de l'infanterie
S'en va par les faubourgs en rang.

Dans la capote bleue, à l'aise,
Arme sur l'épaule, guêtré,
Le soldat — et la *Marseillaise*
Marchent au pas accéléré.

Les fleurs sautent par la fenêtre
Sur les képis des fantassins,
Qui s'en vont pour toujours, peut-être...
Les bonnes pleurent leurs cousins.
Des gamins poussés dans la rue
Accompagnent, marquant le pas,
Les pelotons, et plus d'un sue
A porter l'arme des soldats.

Le colonel est un vieux brave
Qui, tout en boutonnant ses gants,
Lance un coup d'œil narquois, mais grave,
Aux sous-lieutenants élégants.
Le sergent, frisant sa moustache,
Balance des airs conquérants :
C'est lui, lorsque le canon crache,
Qui sait dire : Serrez les rangs!

Au chemin de fer, la famille
Se suspend au cou du troupier.
On boit, on chante, on s'égosille,
On s'embrasse à s'estropier.
Un brave homme en blouse qui pleure
Dit en regardant s'éloigner
Un jeune soldat : « Tout à l'heure
On va rudement se cogner! »

Fernand Desnoyers.

DANSE MACABRE

Fière, autant qu'un vivant, de sa noble stature,
Avec son gros bouquet, son mouchoir et ses gants,
Elle a la nonchalance et la désinvolture
D'une coquette maigre aux airs extravagants.

Vit-on jamais au bal une taille plus mince?
Sa robe exagérée, en sa royale ampleur,
S'écroule abondamment sur un pied sec que pince
Un soulier pomponné, joli comme une fleur.

La ruche qui se joue au bord des clavicules,
Comme un ruisseau lascif qui se frotte au rocher,
Défend pudiquement des lazzi ridicules
Les funèbres appas qu'elle tient à cacher.

Ses yeux profonds sont faits de vide et de ténèbres,
Et son crâne, de fleurs artistement coiffé,
Oscille mollement sur ses frêles vertèbres.
O charme du néant follement attifé!

Aucuns t'appelleront une caricature,
Qui ne comprennent pas, amants ivres de chair,
L'élégance sans nom de l'humaine armature!
Tu réponds, grand squelette, à mon goût le plus cher!

Viens-tu troubler, avec ta puissante grimace,
La fête de la Vie, ou quelque vieux désir,
Éperonnant encor ta vivante carcasse,—
Te pousse-t-il, crédule, au sabbat du Plaisir?

Au chant des violons, aux flammes des bougies,
Espères-tu chasser ton cauchemar moqueur,
Et viens-tu demander au torrent des orgies
De rafraîchir l'enfer allumé dans ton cœur?

Inépuisable puits de sottise et de fautes!
De l'antique douleur éternel alambic!
A travers le treillis recourbé de tes côtes
Je vois, errant encor, l'insatiable aspic.

Pour dire vrai, je crains que ta coquetterie
Ne trouve pas un prix digne de ses efforts;
Qui, de ces cœurs mortels, entend la raillerie?
Les charmes de l'horreur n'enivrent que les forts!

Le gouffre de tes yeux pleins d'horribles pensées
Exhale le vertige, et les danseurs prudents
Ne contempleront pas sans d'amères nausées
Le sourire éternel de tes trente-deux dents!

Pourtant, qui n'a serré dans ses bras un squelette,
Et qui ne s'est nourri des choses du tombeau?
Qu'importe le parfum, l'habit ou la toilette?
Qui fait le dégoûté montre qu'il se croit beau.

Bayadère sans nez, irrésistible gouge,
Dis donc à ces danseurs qui font les offusqués :
« Fiers mignons, malgré l'art des poudres et du rouge,
Vous sentez tous la mort! ô squelettes musqués.

« Antinoüs flétris, dandys à face glabre,
Cadavres vernissés, lovelaces chenus,
Le branle universel de la danse macabre
Vous entraîne en des lieux qui ne sont pas connus!

« Des quais froids de la Seine aux bords brûlants du Gange,
Le troupeau mortel saute et se pâme, sans voir
Dans un trou du plafond la trompette de l'Ange
Sinistrement béante ainsi qu'un tromblon noir.

« En tout climat, sous ton soleil, la mort t'admire
En tes contorsions, risible Humanité,
Et souvent, comme toi, se parfumant de myrrhe,
Mêle son ironie à ton insanité! »

CHARLES BAUDELAIRE

UN RÉVEILLON A LA MAISON D'OR

La veille de Noël, vingt-cinq couverts étaient dressés dans le grand salon de la *Maison-d'Or*. Une nuée de marmitons, dirigés par un chef que le maître de ce célèbre établissement vient tout récemment d'arracher avec des tenailles d'or de la *bouche* d'un grand souverain du Nord, activaient les fourneaux d'une cuisine où s'élaboraient des mets dont la fumée allait donner là-haut des tentations terrestres à tous les bienheureux condamnés au miroton sempiternel de la béatitude. Comme deux heures sonnaient, vingt-quatre coupés de maître vinrent l'un après l'autre abaisser leur marchepied devant l'escalier de la rue Laffitte.

Du premier coupé descendit un monsieur âgé, portant sous le bras un grand portefeuille. Il était accompagné d'un jeune homme qui ne portait rien. .

De chacune des vingt-trois autres voitures descendirent successivement vingt-trois dames en grand costume de gala.

Ces vingt-trois dames, qui, pour la plupart, sont toute-
demoiselles, appartenaient à l'aristocratie galante. C'étaient
des dames du monde... de Gavarni.

Quelques-unes de ces dames, qui ajoutent aux revenus
du .boudoir les appointements du théâtre, étaient fort
jolies; il y en avait même deux ou trois qui étaient véritablement aussi jeunes que leur acte de naissance. — On
n'en voyait qu'une seule qui fût grêlée; mais il est vrai
d'ajouter qu'elle l'était pour plusieurs.

A deux heures et demie tout le monde prit place pour
le banquet.

Celui qui le présidait était le marquis de L..., assisté de
maître G..., son notaire.

En reconnaissant leur amphitryon, les vingt-trois dames
convoquées à cette réunion, par invitation anonyme, pous-
sèrent un grand cri d'étonnement, et au même instant vingt-
trois interrogations tombèrent dans le potage du marquis.

Il demanda une autre assiette, — déplia gravement sa
serviette, et répondit aux interrogations :

— Mangeons d'abord un peu, ensuite nous causerons
beaucoup.

Quand le premier service fut achevé, l'impatiente curiosité des dames ne pouvant se prolonger au delà, le marquis de L... se leva et prit la parole en ces termes :

— Mesdames, je comprends parfaitement la surprise que
vous témoignez en me retrouvant au milieu de vous, ou
en vous retrouvant au milieu de moi, comme il vous plaira.
J'en suis moi-même encore plus étonné que vous ne paraissez l'être. Il y a un an, à pareil jour et à pareille
heure, autour de cette même table, j'ai eu l'honneur de
vous tirer ma révérence et de solder devant vous l'addition
de mon dernier souper de garçon, qui se montait, si vous

voulez bien vous le rappeler, à un chiffre devant lequel un teneur de livres aurait certainement retiré son chapeau. Cette carte payée, je sortis de table parfaitement ruiné; il ne me restait même pas de quoi prendre un fiacre. L'une de vous eut l'obligeance de m'offrir une place dans le coupé que j'avais eu le plaisir de lui faire accepter un mois auparavant, et, malgré mon désastre évident, il ne lui vint pas à l'idée de me faire monter derrière, comme cela eût pourtant été si naturel dans la circonstance. Au lieu de me reconduire chez moi, elle poussa même le désintéressement jusqu'à me proposer de me reconduire chez elle. — Je dus cependant refuser, car en amour, aussi bien qu'au théâtre, je n'ai jamais aimé les billets de faveur, ayant fait la remarque qu'ils coûtaient en définitive plus cher qu'au bureau, et qu'on était toujours mal placé. — Depuis ce jour-là, mesdames, nous ne nous sommes guère vus qu'à travers le nuage de poussière que soulevaient vos attelages dans l'avenue des Champs-Élysées, où j'allais me promener le dimanche en fumant des cigares de dix centimes. — Vous m'avez cru mort, sans doute. Je vivais cependant, si toutefois c'est vivre que vivre sans vous.

Un murmure approbateur accueillit ce madrigal.

Le marquis reprit :

— Ce que j'ai fait depuis un an, je vous le donne à deviner.

— Un héritage sans doute, exclama mademoiselle P'..., un oncle d'Amérique...

— En effet, le seul oncle d'Amérique qui reste aux gens ruinés, le hasard... est venu à mon aide... J'ai gagné à la Bourse onze cent mille francs.

— Silence, dit le marquis en frappant sur la table pour

apaiser la rumeur soulevée par ce chiffre... un million...
et d'assez jolies fractions comme vous voyez... Me retrouvant du blé à moudre, je suis revenu au moulin. — Maintenant, mesdames, voici de quoi il s'agit entre nous. — Je
vais me marier... dans un délai très-prochain... qui ne
doit pas excéder un mois... plus tôt même, il ne dépend
que de moi de rapprocher l'époque... Tout à l'heure il ne
dépendra que de vous !

— Comment?... comment?... comment?

— Vous allez le savoir... J'entre en ménage avec un
million ; ma femme, avec deux.

— Ça fera trois, dit l'une des convives.

— Parfaitement ; — quant aux cent mille francs qui
restent, je veux les manger...

— Dans nos assiettes?

— Oui ; mais je n'ai pas le temps de rester longtemps
à table, et c'est à ce propos que nous avons à causer. —
Voilà le lingot, dit le marquis en jetant un portefeuille
sur la table ; — combien vous faut-il de temps pour le
fondre?

— Dame, ce sera selon la température, dit l'une des
dames.

— Écoutez-moi, reprit le marquis, — je n'ai pas de
temps à perdre — et cependant je ne peux pas vous inviter toutes à mordre à la fois au gâteau, — ce serait trop
vite fait. — Voici ce que je propose : — Vous connaissez
respectivement vos forces et votre puissance d'absorption
aurifère. — Nous allons, si vous le permettez, employer
les moyens dont se servent les administrations pour les
adjudications publiques... Vous allez soumissionner, —
celle de vous qui me demandera le moins de temps pour
faire le vide... dans ce portefeuille que voici plein... celle-

là aura la préférence. Seulement, je dois vous donner connaissance du cahier des charges... Il sera absolument interdit de distraire des sommes pour les convertir en rentes ou actions industrielles; la philanthropie est également défendue; je ne veux plus être exposé à m'asseoir sur des orphelins en entrant dans un boudoir; — toute dépense affectée à une chose utile et durable est également interdite, comme aussi les renouvellements de mobiliers, d'équipages ou d'écuries. Je veux que mes cent mille francs soient mangés à peu près dans le sens littéral du mot. — La somme épuisée, je veux que la personne qui sera restée adjudicataire ne conserve que le portefeuille qui l'aura contenue. — On va allumer les bougies, et mon notaire, ici présent, présidera à l'adjudication; — on soumissionnera au rabais... en partant d'un mois au plus. — On pourra opérer par rabais de jours, d'heures et même de fractions d'heure. — Voici du papier, des enveloppes, des plumes et de la cire, car les soumissions devront être cachetées. — Mᵉ G... en fera le dépouillement, et poursuivra l'opération selon les usages ordinaires. Pendant ce temps-là, je vais aller faire un tour chez mon beau-père, qui donne aussi un réveillon, et saluer ma prétendue. — Je reviendrai dans une heure. Si l'adjudication est terminée avant mon retour, — la personne qui sera restée adjudicataire ira m'attendre chez moi, où des ordres seront donnés pour la recevoir. — Toutes les conditions du marché se trouvent autographiées dans un cahier dont vous pourrez prendre connaissance. — A tout à l'heure.

Et le marquis se retira.

Avant de rédiger leur soumission, les vingt-trois dames s'isolèrent dans le salon et firent leurs calculs.

Au bout de cinq minutes, toutes les soumissions, cachelées selon la formule, étaient déposées entre les mains du notaire.

Il en commença le dépouillement au milieu d'un silence si profond, que l'on aurait pu entendre mademoiselle Ar... dire du bien d'une de ses camarades.

Ce travail préparatoire achevé, le notaire alluma les bougies et annonça qu'on allait commencer les rabais.

Lorsque M* G..., le notaire du marquis de L..., eut donné lecture des soumissions déposées entre ses mains par les vingt-trois dames, plusieurs d'entre elles, effrayées par les rabais considérables contenus dans les premières soumissions, se retirèrent volontairement, et il ne resta véritablement qu'une douzaine de concurrentes sérieuses. Parmi celles-là se montraient comme devant être plus acharnées à la lutte :

1° La marquise de***, cette belle Espagnole connue de tout Paris pour son magnifique attelage à la Daumont, et dont la bibliothèque renferme, entre autres curiosités, un exemplaire des œuvres de Malthus, relié en peau humaine;

2° Madame de N..., qui possède un hôtel dont chaque pierre porte la signature de celui qui l'a fournie et posée;

3° Mademoiselle R...., dont la beauté a fait depuis quinze ans la fortune de deux marchands de produits chimiques, et qui prépare les jeunes gens au baccalauréat *ès-gaie science ;*

4° Mademoiselle P..., ravissante créature, qui disait dernièrement elle-même, à propos de son inconstance proverbiale : « Que voulez-vous; ce n'est pas ma faute, — mais mon cœur *fuit ;*

5° Madame ***, qui, le soir même où une artiste doit débuter à son théâtre, dans son emploi, achète un grand nombre de places à la location et les distribue à tous les gens enrhumés de sa connaissance, dans la douce espérance que leur toux opiniâtre troublera le spectacle et pourra nuire au succès de l'ouvrage dans lequel doit paraître sa rivale ;

6° Les deux sœurs C..., qu'on a surmommées le duo de l'ail et du patchouli ;

7° Mademoiselle B..., jeune dernière d'un de nos premiers théâtres, qui a deux mères, une pour la ville et une pour la campagne ;

8° Mademoiselle D..., que l'on a baptisée le *petit manteau bleu des coulisses*, à cause de sa philanthropie ;

9° Enfin, mademoiselle C..., de laquelle autant dire qu'il n'y a plus rien à en dire.

Après que la première bougie fut consommée, il ne restait plus que quatre concurrentes, madame de N..., mademoiselle B..., mademoiselle C... et mademoiselle R...

—Si tu renonces à soumissionner, dit cette dernière... à mademoiselle B..., je te donne mon Américain.

— Si tu te retires, répliqua l'autre, je te laisse mon américaine.

La seconde bougie fut allumée, et la voix du notaire se fit entendre.

—La dernière soumission du temps demandé pour dépenser les cent mille francs du marquis est descendue à quinze jours... C'est mademoiselle B... qui a fixé ce chiffre; —offre-t-on moins? demanda M° G...

— Quatorze jours, douze heures, dit madame de N...

— Quatorze jours, fit mademoiselle B...

— Treize jours, douze heures, fit mademoiselle R...

— Treize jours, exclama mademoiselle C...

— Si tu te retires, dit mademoiselle B... à mademoiselle C..., je me brouille pour trois mois et demi avec

Alfred, et je l'envoie lui-même te porter mon grand *boiteux* indien.

— Non.

Douze jours dix-huit heures, s'écria mademoiselle B...

— Onze jours... cinquante, s'écria mademoiselle C... Hum! fit-elle en se reprenant, je me croyais aux *commissaires*, j'ai voulu dire douze heures.

Mademoiselle R..., qui faisait des calculs sur son agenda, leva la main.

— Dix jours, dit-elle.

Mademoiselle C... prit à son tour son agenda, fit aussi des calculs.

— Neuf jours cinquante-cinq... Allons bon! je me crois encore aux *commissaires*... Maître G..., c'est onze heures que j'ai voulu dire.

Sur cette dernière soumission, la deuxième bougie s'éteignit.

Comme on rallumait la troisième, il ne restait p'us que deux concurrentes, madame de N... et mademoiselle R... s'étant retirées, convaincues qu'elles ne se trouvaient plus assez fortes pour dépenser inutilement *cent* mille francs en huit jours.

La lutte, continuée avec opiniâtreté entre madame B... et mademoiselle C..., ne fut pas de longue durée; la bougie s'éteignit en même temps que mademoiselle C... venait d'abaisser sa soumission à cinq jours sept heures cinquante minutes.

Mais, comme elle s'enorgueillissait de son triomphe, le marquis de L... rentrait dans le salon, — il paraissait un peu ému.

— Pardonnez-moi, mesdames, de vous avoir dérangées,

leur dit-il, mais la raison qui m'avait fait vous réunir n'existe plus...

— Comment? — comment? — comment?

— Mon Dieu oui, — tout à l'heure, chez mon beau-père, — j'ai eu l'imprudence de me mettre à la table de jeu, — on faisait le lansquenet, — il y a eu une série de *mains*, et je n'avais pas encore eu le temps de m'asseoir, que j'avais perdu les cent mille francs dont j'étais embarrassé. — La mauvaise chance a fait dans une demi-heure ce que la plus habile d'entre vous n'aurait pas fait sans doute dans quinze jours...

— Quinze jours! dit le notaire en montrant le procès-verbal de l'adjudication; mais mademoiselle C..., restée dernière adjudicataire, ne demandait que cinq jours et quelques fractions.

— Comment diable auriez-vous fait? demanda le marquis très-étonné; — trouver l'emploi de vingt mille francs par jour sans dépenser un sou utilement, — cela me semble difficile.

— Monsieur le marquis, répondit cette prodigue personne, je n'ai demandé que six mois pour réduire le Pérou à la mendicité.

HENRY MURGER.

(*Propos de ville et de théâtre*, Collection Michel Lévy.)

LES FUNAMBULES EN 1847 ET 1848

TRUCS ET CASCADES.

Un matin, ayant jeté quelques antithèses sur la tombe de Debureau, j'allai trouver le directeur des Funambules. Aujourd'hui, je ne me rends pas compte de cette audace, car je n'étais pas trop ému en entrant chez le concierge du théâtre. Nous avons causé longtemps de l'avenir de la pantomime. Le directeur me trouva des idées, et m'engagea à écrire une pièce pour son théâtre, il désirait spécialement une pantomime à cascades.

— Cela vous regarde, lui dis-je, vous ferez venir autant d'eau que vous voudrez à l'apothéose.

— Vous ne comprenez pas, me dit le directeur, qui s'appelait M. Billion, un nom en harmonie avec les places à deux sous de son théâtre.

Cascade pour moi signifiait chute d'eau; mais le directeur m'expliqua que la pantomime à *cascades* est la nouvelle forme de la pantomime, comme qui dirait une forme romantique, une grande scission avec l'école classique.

Cascade appartient au dictionnaire des Funambules; *cascade* contient tout à la fois les coups de pied, les soufflets, les coups de bâton.

— Nous ferez-vous une pièce à trucs? me demanda M. Billion.

— Écoutez, lui dis-je, je suis très-innocent dans cette langue; je ne sais pas ce que c'est qu'un *truc*.

Alors le directeur souleva un coffre mystérieux, qui contenait des petits cartons découpés et mobiles, se mouvant au moyen de ficelles.

Je m'aperçus avec terreur que ces ouvrages très-compliqués demandaient une adresse de forçat. Je n'ai aucune subtilité dans les mains; comment confectionnerais-je jamais de ces *trucs* qui représentent des fusils qui se changent en échelles, des armoires qui se changent en chaises, tout cela exécuté en carton?

Je m'en retournai l'esprit chagrin, trouvant le métier d'auteur funambulesque très-pénible, vu qu'il exige des connaissances profondes dans l'art du cartonnage. Je pensais avec raison que je n'avais qu'à écrire une pantomime en collaboration avec un fabricant de tabatières à surprises. Tout le long du chemin, je me disais : « Il n'est pas possible qu'un auteur fasse un métier pareil. Je comprends qu'il écrive les changements à vue les plus compliqués, qu'il trouve dans sa tête des trucs bizarres, mais ce n'est pas son état de les confectionner, pas plus qu'en écrivant, en tête d'un drame : *Le théâtre représente le palais de l'Alhambra*, le poëte n'a jamais pensé à peindre lui-même son décor. »

Dès lors je vouai une haine féroce au *truc*, et j'eus pour système d'employer les combinaisons les plus simples, de chasser les personnages surnaturels de mes pièces, de m'en tenir à la réalité et d'essayer de réaliser en mimique ce que Diderot avait fait pour la comédie, c'est-à-dire des pantomimes bourgeoises.

DES DÉCORS.

Un vaudevilliste plein d'expérience me parlait un jour de pantomime, et me dit :

— Où se passent vos pièces ?

Ne comprenant pas, je le priai de s'expliquer. Il entendait par là me demander dans quelle *ville* ou *capitale*. Pierrot, Colombine et Arlequin se livraient à leurs exploits.

Cette question, si simple en apparence, est un puits de niaiserie. « *Où se passent vos pièces ?* »

— Mais, monsieur, dis-je au vaudevilliste âgé qui *s'intéressait* à la pantomime, ça ne se passe nulle part.

— Je croyais, dit-il, qu'il y avait quelques pays tradilionnels.

— Bergame, n'est-ce pas?... Détrompez-vous, monsieur, je ne tiens pas plus à Venise qu'à Bergame... A quoi bon limiter ainsi une ville ? Dites-vous que la pantomime a une géographie particulière telle qu'il vous sera plaisant de l'inventer. Mais je vous prie de croire que le pays de Pierrot n'est pas un pays. Voilà pourquoi la décoration actuelle est mensongère. Mes forêts sont trop des forêts, mes maisons sont trop des maisons. Tout ce qui est décor aux Funambules est d'une réalité malheureusement assez bourgeoise pour que le théâtre de l'Odéon ne soit pas fâché de racheter un jour accessoires et décors.

Il y a des petites chambres jaunes qui feraient fort bonne mine dans les ouvrages de M. Galoppe d'Onquaire. L'Ambigu jouerait volontiers un drame dans la forêt des Funambules, et la cabane de Cassandre conviendrait tout à fait à Bouffé dans ses rôles de paysan. Je connais un certain paysage, peint par un admirateur de Bidault, que les sociétaires de l'Odéon seraient enchantés de mettre dans la *Petite Ville* de Picard.

Le théâtre des Funambules manque donc de logique. Soyez faux, mais faux d'un bout à l'autre, et vous serez vrai.

Le réel n'occupe pas un pouce sur une toile de Watteau, les arbres sont de la famille des personnages; le ciel a été inventé pour faire pousser ces arbres.

Comment voulez-vous que mon esprit ne soit pas troublé quand je vois Arlequin dans une *vraie* maison? Il faudrait des paillettes aux murs.

Ne pensez-vous pas que l'appartement de Polichinelle soit plein de bosses?

La jolie mansarde que je bâtirai pour Colombine! une mansarde coquette, avec des fleurs, un lit charmant, etc. Il y a toujours eu une corrélation intime entre l'individu et son mobilier; mes personnages sont fantasques, tout ce qui est avec eux devient fantasque; la nature a de secrètes harmonies. Si, dans la vie réelle, l'individu se moule sur la nature, dans la pantomime, c'est la nature qui se moule sur l'individu.

Et voyez l'avantage des Funambules sur tous les spectacles! Ceux-ci ont la prétention de faire des décors sérieux, des accessoires de la vie privée; ils n'y arriveront jamais avec leurs coulisses, leurs souffleurs, leurs acteurs éclairés sous le nez; le théâtre est faux comme un jeton.

Au contraire, le ballet et la pantomime ont le courage de leurs opinions : « Nous sommes antinaturels, disent-ils, mais nous sommes amusants, gais, prestes et subtils; nous ne nous inquiétons guère des entrées et des sorties. » On coupe la jambe à Polichinelle, au premier tableau; au second tableau, il danse mieux que jamais, et on n'a pas entendu parler du médecin.

Mais ce fantasque de décors demande un peintre ami de l'impossible, qui donne des modèles de décors, de costumes, d'accessoires, toutes choses qui exigent une certaine imagination.

DE LA MUSIQUE.

Elle joue un rôle important dans la pantomime, sans qu'elle la maîtrise comme dans l'école classique. Ainsi, jadis, les acteurs jouaient la pantomime *à la note*.

Ce genre de spectacle n'était autre que la danse vue sérieusement et didactiquement. Chaque scène finissait invariablement par une mélodie dans le goût de la *marche des Tartares*.

L'acteur n'avait plus d'inspiration, son pas était compté et réglé comme un menuet.

Mais aussi quelles pantomimes étaient cela ! Toujours des empereurs, des victimes dans des tours, des tyrans farouches, enfin ce qu'on a appelé, avec plus de raison, *mimodrame*.

Debureau père donna à cette pantomime le même coup de pied que Frédérick au mélodrame, quand celui-ci créa le Robert Macaire de l'*Auberge des Adrets*, mélodrame sanglant qui se transforma en plaisanterie énorme.

Après avoir obéi quelque temps à l'assujettissement de la pantomime à la note, Debureau père la tua avec une joie sans exemple. Il donna un coup de pied au cul de la princesse pour l'envoyer plus vite à son donjon, et distribua des montagnes de soufflets au tyran farouche.

C'est dans une pantomime sérieuse que Debureau père,

poursuivi par un ours (rôle sérieux), s'avisa de retourner brusquement la tête de l'ours. Le malheureux figurant, privé de la vue, se traîna sur la scène et vint tomber sur la rampe. Ses pattes imploraient grâce et cherchaient vainement un point d'appui.

Du jour de ce lazzi, la pantomime-Ponsard fut balayée. Le public avait ri de l'ours. Debureau père, encouragé dans cette veine, joua les tours les plus féroces aux *satellites* soldés par un empereur cruel.

De temps en temps, l'ancienne école dresse la tête, et sert un plat de mimodrame, où les brigands, les torrents, la dame à l'hache, le vieil ermite de la chapelle, se livrent à de coupables forfaits ou à des vertus méritoires. Mais la chose est morte, bien morte! Et il faut que Pierrot se montre dans un rôle muet pour que la représentation puisse aboutir.

J'ai déjà donné mon sentiment sur la musique des Funambules, je ne saurais trop écrire sur ce sujet important. L'orchestre, tout mal composé qu'il soit, m'a jeté souvent dans des extases que ne me donnerait pas l'orchestre du Conservatoire.

Trois violons, un alto, une clarinette, un cor et une contre-basse, se mettent, sans le savoir, à jouer du Mozart, du Glück, petits morceaux qu'on coupe dans de vieux cahiers. C'est le cornet à piston qu'il faudrait supprimer et remplacer par un hautbois, une flûte et un violoncelle. Pas d'instruments en cuivre! cela est bon pour accompagner des chanteurs; mais aux mimes, il faut une musique douce, tantôt vive et tantôt mélancolique, qui ne trouble pas ce monde si plein de calme.

Il est important qu'on n'aille pas chercher d'autres compositeurs que ceux du dix-huitième siècle et qu'on s'arrête à Grétry. L'instrumentation de ce compositeur est simple et naïve.

Le chef d'orchestre, s'il a l'amour du furetage, a toute une mine dans la musique allemande, italienne, des siècles passés.

Un jour, j'ai vu un assez mauvais ballet avec de la mauvaise musique. Seulement, mademoiselle Auriol dansait, et il y eut une phrase de musique.

La situation était des plus banales. Un paysan déclarait son amour à mademoiselle Auriol; elle l'écoutait, elle lui donnait son bouquet; ils frémissaient tous deux d'amour; la femme se tordait, ses yeux lançaient des flammes.

—PAN! fit la grosse caisse solo.

Les deux cœurs étaient fondus en un, les deux corps s'étaient fondus ensemble, les deux bouches s'étaient jointes avec rage. Une explosion avait troublé ces deux beaux corps, riches d'amour et de jeunesse.

Cette simple note de grosse caisse est un trait de génie. Il est de M. Pilati, médiocre musicien; mais je gage qu'il a été une fois *amoureux*.

La note de grosse caisse le prouve.

LES TROIS FILLES A CASSANDRE

PANTOMIME BOURGEOISE.

Après des infortunes inouïes, les *Trois Filles à Cassandre* furent enfin jouées.

Trois Cassandre avaient successivement étudié la pièce et étaient tombés malades. Le Pierrot s'était foulé un pied, la Colombine avait attrapé un demi-choléra, le régisseur avait eu trois attaques d'apoplexie. Jamais on ne vit autant de malheurs fondre sur une pantomime bourgeoise.

Il n'y avait que Debureau qui fût resté valide pour soigner les trois Cassandre, mademoiselle Colombine et Polichinelle. Enfin la maladie, cette terrible censure qui arrêtait la pièce, s'enfuit des coulisses des Funambules. Debureau, la Colombine allaient jouer cette nouvelle pantomime avec d'autant plus de verve et d'esprit, que depuis longtemps ils n'avaient eu à créer de rôles importants.

C'est à partir de ce moment que je compris dans quelle voie je m'engageais. Une œuvre dramatique écrite par un auteur dans son cabinet ne représente pas le dixième des travaux d'Hercule qu'il lui reste à exécuter.

Répétitions, compliments, orgueils à caresser, demanderaient un diplomate tel que M. de Talleyrand. J'ai gardé quelques notes que j'écrivais sous l'influence de mes sensations :

« 27 février 1849 . — Je sors de la première répétition des *Trois Filles à Cassandre*, j'ai un mal de tête sérieux qui s'est aggravé de ce que m'a conté Paul, le Pierrot. On a lu hier ma pantomime aux acteurs. Leur grand mépris : « *Qu'est-ce que c'est que ça ?* » ont-ils dit. Paul lui-même, je le sens, n'est pas content ; l'intrigue est faible, il attend de moi une grande chose, l'œuvre suprême.

« Ah ! que je voudrais être un mois leur directeur ! Comme je les mènerais ! Ces défiances des acteurs me remplissent de tristesse et de doute. Je n'ose plus les regarder en face.

« Heureusement madame Lefèvre, une femme qui se bat à la hache comme un sapeur, a pris ma défense à la répétition. Digne femme ! Elle est mariée et femme d'un cordonnier. De plus, elle a accepté son rôle sans frémir ; c'est bien, et je la remercierai comme si elle m'avait sauvé la vie. Une des nouvelles inventions de cette pantomime bourgeoise a été de peindre une femme en blanc, j'entends la figure.

« Comme j'en parlais à Paul :

« — Les actrices, me dit-il, ne voudront pas.

« — Ah ! me suis-je écrié, mais sans femme blanche, il n'y a plus de pièce.

« J'ai dit à Paul Legrand que j'avais choisi madame Lefèvre.

« — Elle non plus, me dit-il.

« Au fond le Pierrot avait raison ; ce blanc est tout une cuisine : il faut enlever le rouge, se graisser la figure, se frotter les joues avec du blanc d'Espagne en poudre, revenir dans les angles, dans les cavités des yeux, avec un crayon blanc. C'est beaucoup de besogne.

« En Angleterre, les actrices qui jouent la pantomime sont pleines de dévouement; on les couperait en quatre qu'elles enverraient au public leur plus gai sourire, mais, aux Funambules, toutes, à la moindre invention, montrent un rechignement sans pareil. »

« 4 mars 1849. — Le directeur est venu aujourd'hui à la répétition, comme on allait terminer. C'était le dernier tableau qui représente une forêt. Un cerf passait au fond, Pierrot luttait avec lui, le renversait et finissait par lui arracher son bois. De ce bois de cerf il faisait une couronne et la posait tranquillement sur la tête d'un certain capitaine, son rival heureux.

« Le directeur fronça le sourcil et demanda l'explication de tous ces gestes, car, aux répétitions, on ne se sert pas encore des accessoires.

« — Pierrot tue le cerf, lui dis-je.

« — Quel cerf? demanda-t-il.

« — Vous savez... je vous ai lu la pièce, un cerf passe au fond du théâtre.

« —Un cerf! s'écria-t-il, je ne comprends pas votre cerf.

« — Le cerf est l'image du mariage; ne vous rappelez-vous pas que dans tous les vaudevilles on fait des cornes au-dessus de la tête du mari?

« — Bah! bah! dit-il, c'est vieux, je ne veux pas de cerf. Trouvez un autre dénoûment pour demain.

« Je cherchai inutilement un nouveau dénoûment.

« — Eh bien! me dit le directeur le lendemain, comment terminons-nous la pièce?

« —Je ne sais, lui dis-je, ce que vous avez contre le cerf.

« — Encore le cerf! dit-il.

« Et il appela son chef d'accessoires.

« — Quels animaux avez-vous en magasin? dit-il.

« — Monsieur, nous avons un lézard.

« — Il y a un lézard, me dit le directeur.

« — Comment, un lézard! m'écriai-je.

« — Un grand lézard, reprit le chef des accessoires.

« — Mais un lézard n'a pas de cornes, dis-je. Puisque Pierrot met sur la tête du capitaine, qui se marie, un bois de cerf, ce n'est pas un lézard que nous pourrons dépouiller d'un bois de cerf.

« — Nous avons aussi une peau de singe, dit le machiniste, mais elle a besoin d'être raccommodée.

« Si je ne m'étais retenu, j'aurais battu l'homme aux accessoires, qui ne s'inquiétait guère de la pièce, mais qui répondait seulement à la demande de son directeur : Quels animaux avez-vous?

« — Vous oubliez l'ours, dit le régisseur, qui complotait également contre moi.

« Qu'est-ce que je peux faire de votre ours? m'écriai-je furieux.

« — Il y a longtemps qu'on ne s'est servi de l'âne, dit malicieusement le Pierrot.

« — Oui, oui, me dit le directeur enthousiasmé, je vous donne l'âne. »

Il faut avoir passé par ces tribulations de théâtre pour savoir la bile que peut amasser un auteur dramatique qui demande un cerf, et à qui on donne un âne. La mauvaise foi était ce qui m'irritait le plus; le directeur feignait de ne pas comprendre mon idée, mais au fond il pensait qu'il était d'une sage économie de ne pas faire fabriquer un cerf. La lutte était impossible, j'acceptai l'âne. J'étais arrivé du reste à une soumission absolue, et je luttais de mon mieux en faisant des pantomimes *bourgeoises*, puisqu'on me lésinait sur les costumes, décors, etc. La lésinerie allait si loin, qu'on refusa d'acheter une rose pour le corsage d'une actrice; la rose servait à faire comprendre la mimique d'une situation, et je dus courir, le jour de la représentation, les marchandes de fleurs artificielles.

Le régisseur ne me voyait pas d'un bon œil; il était à la fois acteur, auteur et contrôleur du théâtre, à la porte. Je n'avais pas un rival en sa personne, j'en avais quatre.

Malgré tous ces tiraillements, la pièce fut jouée sans cerf.

DES ACCESSOIRES.

On va voir un de mes grands bonheurs dans les *Trois Filles de Cassandre*. Mes inquiétudes au sujet du cerf se tournèrent en une immense joie. Au dernier tableau, Pierrot s'en va en voyage; il monte sur son âne.

L'âne entre en scène. Surprise de la salle. Le bel âne !

Jamais on n'a vu d'âne pareil; demandez à Callot ou à Goya de vous dessiner une pareille chose, ils n'arriveront jamais à ce vieux âne.

Une peau *verte*, pelée par endroits, recouvre un figurant à longues jambes. Il serait trop fatigué de rester toute une scène les mains à terre, il a des petites bûches au bout de ses mains. On devine vaguement cette *rallonge*. le dos est maigre; les pattes sont beaucoup trop hautes.

La France, qui a cru au cheval *violet* de Delacroix, et qui s'en est fâchée sérieusement, devait frémir devant mon âne *vert*.

C'était comme un lézard très-haut, avec une tête inconnue, même à Geoffroy Saint-Hilaire.

Le lendemain, à la répétition, il fallait faire des coupures; tout le monde proposait de supprimer l'âne vert, qui avait interressé les esprits les plus chagrins.

Je tenais beaucoup à cet âne, et je n'étais pas compris : c'est là justement un de ces types d'accessoires rêvés si longtemps et qu'aucun dessinateur n'aurait trouvé en lui.

Il n'avait pas été bâti par la tradition, cet âne mystique, lézard de l'Apocalypse. Non, la vieillesse, la poussière, lui avaient donné une forme et un ton particuliers auxquels l'art n'atteindra jamais.

Mon ami Schann', qui fera un jour des joujoux sculptés, et qui apportera dans cet art important une rêverie et un génie dévergondés, Schann' dit le mot vrai : « Tu ne mets pas assez d'animaux pareils dans tes pièces. »

On essaya jadis aux Funambules des animaux véritables : Un chat était attaché à la troupe; il avait un joli logement dans la loge de la portière. Son emploi consistait à entrer comme entremets dans les diners goulus de Pierrot. Plus d'une fois le chat joua admirablement la scène du pâté; le couvercle levé, le chat passait sa tête, et de ses deux grands yeux verts pleins d'un charme cruel, il magnétisait Pierrot.

Mais le chat devint vieux et atrabilaire; il n'avait plus, dans ses rapports avec les comédiens, cette douceur de manières, cette politesse exquise qu'on dit avoir existé au foyer du Théâtre-Français. Il ne se tint plus avec son calme si précieux dans le pâté, et ce bout de rôle, qu'il avait rendu important à force de sérieux, il le convertit en scène d'épilepsie. Il sauta de son pâté aux jambes de M. Laplace, le roi des Cassandre, grimpa au manteau d'Arlequin, et s'élança dans le paradis, où les voyous le reçurent avec des huées et des cris tels qu'ils furent entendus au Château-d'Eau.

L'administration se mit à la poursuite du chat. Mais lui, qui jadis arrivait le premier à la répétition, désormais se sauva aussitôt que le son de la cloche lui apprit qu'on n'attendait plus que lui.

Mon chat, dans sa courte existence, eut autant de finesse sans que son génie le conduisît à des actes aussi répréhensibles.

C'est aux Funambules qu'il est doux d'être applaudi et qu'il est dur d'être sifflé. On n'y connaît pas la claque. Quand les voyous applaudissent avec leurs grosses mains, noires comme l'aile d'un corbeau, crevassées comme un ravin et solides comme de la corne de bœuf, ça sonne pire qu'un tambour.

Mais aussi une fois j'ai failli être sifflé à une première représentation. Le paradis apportait un sérieux de membres du parlement; avec leurs blouses, les voyous me semblaient en robes rouges, et leurs casquettes étaient des toques de magistrats.

Ordinairement ils écoutent sans rien dire et ne bronchent pas. A la première représentation ils applaudissent peu. Ils sortent en foule sur le boulevard, où une foule inquiète attend le jugement rendu par ce jury populaire.

Dans une affaire de cour d'assises, où il s'agit d'une condamnation capitale, je n'ai jamais été aussi impressionné par la demande brève du président : L'accusé est-il coupable? Sur le boulevard, la foule ne pose pas de questions; mais le jury répond à la demande muette des esprits :

— *C'est rigolo!*

Quand les voyous secouent la tête, font la grimace et s'écrient en sortant d'une première représentation : « *Ce n'est pas rigolo,* » vous êtes perdu; rien ne saurait les faire revenir; leur réponse vient d'un *sentiment* intime qui repose sur des instincts vrais, qu'il n'est pas possible de faire varier.

Aussi ai-je été pris un soir d'une terreur sans pareille; aussi ai-je fui sur le boulevard, la figure en sueur et la bouche sèche.

J'avais mis en pantomime une idée un peu abstraite que le jeu des acteurs ne put parvenir à rendre. Il courut dans la salle comme un brouillard; le gaz me sembla s'éteindre, les violons jouaient faux; un polichinelle *en deuil*, costume sur lequel j'avais beaucoup compté, sortit tout à coup d'une trappe, mal habillé dans une étoffe de lustrine coupée avec aussi peu de soin qu'un sac. J'entendis une vague rumeur d'étonnement, de surprise désappointée, de colère et d'inquiétude.

Je me sauvai. La pièce n'eut pas de succès; heureusement pour moi la Révolution de février vint couper court à cette pantomime.

J'ai assez longtemps vécu avec les comédiens des Fu-

nambules et je cherchais à me rendre compte si, en effet, cette habitude de parler sans voix n'apportait pas
quelque désordre dans leur organisation ; cependant je ne
remarquais rien ; me laissant aller aux charmes de l'in-
tuition, je présumais qu'étant forcément discrets, les
mimes pouvaient être des narrateurs remarquables. Hélas !
ils emploient une orthographe particulière, de même qu'ils
ont une manière de s'exprimer à eux. Régisseurs, direc-
teurs, Pierrot, Arlequin, Colombine, ont chacun leur méthode épistolaire.

Voici l'orthographe de la régie : « Monsieur, j'ai l'honneur de vous prévenir que j'ai remis votre pantomime à la
sencure. » Lettre du Pierrot : « J'ai reçu votre *aimibl* invitation, il y a longtans que je *dèzire* me *trouvé* avec vous,
si toute *foi* cela vous est *agrable*. » Style de la Colombine :
« Vien se soir au *cpequetacl* tu me fera *plésirre*. »

Toutes ces pièces, je les conserve précieusement, ainsi
que le reçu suivant d'une pantomime qui a peut-être été
jouée quatre cents fois, et qui a été payée *quarante francs*,
et encore avec des réserves terribles de la part de la direction :

Je soussigné reconnais avoir reçu de l'administration du
théatre des funambules la somme de QUARENTE FRANC.
pour le prix convenu d'une *pentomime intitulé pierrot en
afrique*
que je cède en toute propriété et sans aucune réserve ; lui faisant également l'abandon des droits ordinairement attribués
aux auteurs dramatiques, tels que entrées personnelles, billets
d'auteurs, etc. Paris le 12 août 1842.   CHARLES.

CHAMPFLEURY.

(*Souvenirs des Funambules*, Collection Michel Lévy.)

LES DEUX VOYOUS.

LES DEUX VOYOUS

—

Aux Soumaises futurs préparer des tortures.
BOILEAU.

UGÈNE. — Quéque tu fais là?

ERNEST. — J'attends Milie.

UGÈNE. — T'es donc toujours avec elle?

ERNEST. — Avec qui que tu veux que je soye, donc? est-ce que ça te fait loucher? Faut le dire.

UGÈNE. — Merci! tu n'es pas rageur; je t'arrète pour le demi-terme.

ERNEST. — Je suis comme je suis; c'est pas une raison pour me bêcher à cause de Milie.

UGÈNE. — Qué qui te bêche?

ERNEST. — Toi... et les autres. Si j'ai un béguin [1] pour Milie, ça ne regarde personne. Il n'y a pas besoin de patente pour avoir une inclination. Je te reproche pas Joséphine, moi.

UGÈNE. — Veux-tu que je te dise? tu as un cheveu [2].

ERNEST. — Eh ben! oui, j'ai un cheveu. Après?

UGÈNE. — Après? Milie veut te lâcher.

ERNEST. — Qui t'a dit ça?

UGÈNE. — Je le sais, v'là tout.

ERNEST. — C'est Léon. Il était hier soir avec elle au Géant [3]. Je l'ai appris par les camarades de l'atelier, qui

[1] Un caprice.
[2] Une inquiétude.
[3] Le café du Géant, boulevard du Temple.

ont voulu me blaguer. Je suis bon enfant, mais j'aime pas la blague sur les femmes. Quand j'ai vu qu'ils me mécanisaient, j'ai dit : C'est bon ! et je suis venu me ballader sur le trottoir, où j'attends Milie à passer.

UGÈNE. — Pourquoi faire?

ERNEST. — Une idée comme ça. Je veux l'inviter à une chouette danse.

UGÈNE. — Du tabac [1]?

ERNEST. — Tout de même.

UGÈNE. — T'as tort.

ERNEST. — J'dis pas, mais je suis bulté. Pourquoi qu'elle va au café-concert?

UGÈNE. — Si elle aime la musique, c'te femme !

ERNEST. — As-tu fini? Si tu comprends pas ça, tu es pas un homme, vois-tu.

UGÈNE. — Je suis un homme autant que toi, et je laisse aller Joséphine au bal Bourdon. Faut avoir confiance. Et puis, j'aime mieux jouer la poule.

ERNEST. — Parce que t'es un gouapeur. Mais ceux qui préfèrent le sentiment à la gouape, c'est pas ça. On a de la moelle ou on n'en a pas. T'as jamais eu de moelle pour un décime.

UGÈNE. — Possible. Mais je n'ai jamais de chahut [2] avec Joséphine comme toi avec Milie. Quand je rentre un peu éméché [3], après minuit, elle me dit : — La cruche est dans le coin; éteins-toi. Eh ben, c'est une épouse, ça, que je dis. C'est pas de ces carcans à quernoline, qui balayent le macadam. Aussi qué qui a des égards pour elle? c'est moi.

---

[1] Des sévices.
[2] Querelle.
[3] Gris.

Je lui paye son garni de la rue Ménilmontant, un poussier
de quinze balles par mois. Excuso !

ERNEST. — Eh ben! et moi, je ne lui paye peut-être
pas son bahut, à Milie? Quoi qu'elle a à se plaindre? Si je
me rince la corne [1] quelquefois chez le mastroquet [2], c'est
pour me consoler. De quoi ! on a ses potins [3] comme tout
le monde. C'est pas une raison pour vous faire des scènes
tous les jours et vous appeler muffe.

UGÈNE. — Elle t'a appelé muffe?

ERNEST. — Lundi; tu vas voir. Il me restait encore
quatre francs de ma paye; j'avais chauffé le four [4] depuis
samedi, et j'allais rentrer chez Milie quand je rencontre
Todore.

UGÈNE. — Un puant !

ERNEST. — Il me demande si je veux m'humecter. Je lui
dis comme ça que j'ai mon casque [5]. Il me répond qu'un
casque de plus ce n'est pas ce qui nuit à la considération
de l'honnête ouvrier, et il offre une tournée au café Robert. Qué que tu aurais fait à ma place? Tu lui aurais
rendu sa politesse.

UGÈNE. — Plus souvent! à un daim de ce tonneau?
Rasoir !

ERNEST. — Je paye le noir [6] et le mêlé, et je m'enfile
de douze sous. Je voyais ben qu'il était poivre [7] lui aussi,
mais ça ne me regardait pas, pas vrai?

[1] Se griser.
[2] Le marchand de vin.
[3] Embarras.
[4] Bu à l'excès.
[5] Etre gris.
[6] Café.
[7] Etre gris.

UGÈNE. — Ça te regardait sans te regarder. Puisque tu en avais plein le boudin [1] !

ERNEST. — Dame ! on ne crache pas sur la consommation. A quoi ça m'aurait avancé de faire ma Sophie [2] ? Todore fait venir deux lavements au verre pilé [3], que nous avalons en douceur. Pour ne pas rester en affront, je propose l'absinthe ; c'était l'heure : six plombes, quinze broquilles [4] ; si ça n'avait pas été l'heure, j'aurais reniflé dessus. Robert nous apporte deux bavaroises aux choux [5]... c'était ça... presque aussi bath [6] qu'au *Champ de navets* [7]. Nous en étouffons encore deux autres, après quoi j'avais mon affaire, là, dans le solide. J'y voyais en dedans. Todore parlait pus. Robert, qui voit que nous avons fini de faire aller le négoce, nous dit à tous les deux : C'est pas tout ça ; vous avez votre cocarde [8], y faut éclairer [9]. C'est six francs, sans compter la casse. Je dis à Todore : « Vas-y de la part. » Todore me répond : « J'suis malade. »

UGÈNE. — Des emblèmes !

ERNEST. — Je te le secoue, il tombe sous la table, en disant : « J'veux un fiacre. » Moi, ça commençait à me fendre l'arche [10]. Je lui dis : « Pas de bêtises, mon vieux ! ça ne serait pas à faire ; blague dans le coin ! t'es malade, mais paye la moitié. »

[1] Être gris.
[2] Faire des façons.
[3] Deux petits verres d'eau-de-vie.
[4] Six heures un quart.
[5] Deux verres d'absinthe anisée.
[6] Bon.
[7] Ancien bal-cabaret situé sur l'emplacement de la caserne du Château-d'Eau.
[8] Vous êtes gris.
[9] Payer, *allumer, casquer.*
[10] Cela m'ennuyait.

UGÈNE. — Malade du pouce; ça empêche les ronds de glisser.

ERNEST. — Sais-tu ce qu'il me répond : « Et ta sœur [1] ! »

UGÈNE. — J'aurais cogné.

ERNEST. — Robert voit le flanche [2] et dit : « Il faut le fouiller. » Todore voulait pas se laisser faire, mais je lui appuie le genou sur l'estom et je lui nettoie [3] sa pelure du haut en bas. J'trouve une demi-veilleuse [4].

UGÈNE. — Oh! là, là.

ERNEST. — Robert dit : « Je suis levé [5] ! » Et il nous appelle filous. Je suis obligé de me lâcher de ma douille [6], en marronnant. Après ça, nous nous cavalons, moi et Todore, du côté du Temple, en pinçant un feston un peu fiscal [7]. Arrivé devant le liqueuriste : *A la petite chaise*, il me dit : « Pourquoi que la colonne de Juillet remue quand il fait du vent? » Je lui réponds que ça m'est égal. Là-dessus v'là mon Chinois qui se fâche et qui me reproche d'avoir payé au café Robert, vu que ça l'humilie dans sa dignité. Je l'envoie à la balançoire. Il se monte et veut me passer la jambe. Je dis : « Ça va cesser, n'est-ce pas? » Et je lui détache un coup de pinceau sur la giberne [8]. Il veut repiquer de la même pour le second rampeau [9]. » T'en a pas assez? que je lui dis; j'en tiens un assortiment dans les prix de fabrique. » Et je m'allonge. Mais v'la-t-il pas ma

[1] Intraduisible.
[2] La malice.
[3] Je le fouille.
[4] Une pièce de cinquante centimes.
[5] Floué.
[6] Argent.
[7] En marchant de travers.
[8] Un coup de pied au...
[9] Terme de savate.

patte gauche qui lâche le trottoir; je m'étale et je me dé-
grade le portrait [1].

ugène. — Et Todore?

ernest. — Todore? il avait été donner de tête dans la
boutique du liqueuriste; c'était pas volé. On l'a collé au
dépôt. Moi je suis rentré chez Milie, en prenant par la
barrière du Maine. Et v'là pourquoi elle m'a traité de
muffe.

ugène. — C'est différent; t'as raison, alors. Y faut la
balancer [2].

ernest. — Tiens! Pavard qui passe; appelons-le : Hé !
Pavard ! brrrrrrrr ! pil-ouittt! pil-ouittt!...

Ch. Monselet.

LASSAGNE

O muse de la couleur! il ne s'agit plus ici de faire
ruisseler les pourpres, les ors et les pierreries du divin
Rubens, ni, comme le Vinci, de faire vivre la lumière en
lui donnant un visage et une âme, ni de rêver à l'ombre
des parcs séculaires les silencieuses harmonies du doux

---

[1] La figure.
[2] Congédier.

Watteau. Aujourd'hui cherchons cette manière cruelle et naïve avec laquelle le bon ouvrier de Nuremberg peinturlure ses joujoux taillés dans un morceau de bûche ; arbres, maisons et personnages rouges et jaunes, jambes droites comme un I et feuillages frisés à la mécanique. Retrouvons ces procédés par lesquels s'épanouissent au-dessus du cadran des horloges en bois les grosses roses rougissantes comme des pivoines qui ont l'air de cuisinières allant à la noce ! Rapin, mon ami, nous avons à peindre Lassagne, l'illustre comédien de l'illustre théâtre ; va-t'en chez le marchand de couleurs qui demeure en face de chez nous, va me chercher deux sous de vermillon dans un petit pot et deux sous de jaune !

J'ai connu des poëtes. Vous croyez que le seul rêve de ces païens est de gravir la montagne sainte, où Cypris à la chevelure rousse boit avec les dieux ivres de calme ! Non ! il y a un monde cher à la fantaisie qu'ils préfèrent encore peut-être aux lauriers-roses de cet olympe enchanté à la voix du rhythme et des lyres ! Il y a un univers créé par la pensée, qui est à eux seuls, et où aucun bourgeois n'a jamais pénétré. Cet univers est immense et infini et il a pour horizon un chiffon de toile à raies roses ; chez lui, le rire prend une figure, le doute a un corps, le mépris des sots mange, boit, parle, s'assied et tourne de grands yeux blancs et tire une langue écarlate. O suave et cher génie, qui t'appelais comme moi Théodore, tu vois bien que je parle ici de la contrée que tu avais conquise à force d'amour et de génie, du pays adorable et prestigieux des marionnettes ! Mais, hélas ! mon bon frère Théodore Hoffmann, en écrivant ce mot magique « marionnettes, » moi, pauvre ouvrier du mot et de la phrase, je ne puis, comme il conviendrait, faire entendre trois mesures de Mozart jouées par les quatre musiciens du théâtre des Funambules, avec les instruments qui rient et qui pleurent !

Oh ! parmi ceux-là sur qui l'esprit a fait descendre ses langues de feu et qui ont le triple talent de gémir et de mourir et de chanter leur ivresse en strophes sonores, parmi le chœur extasié des poëtes, qui donc n'a mille fois désiré sincèrement être ce produit vernissé de l'art et de la rêverie, une marionnette ! — Oh ! Dieu ! pouvoir regarder avec des yeux de bois une comédie de l'école du bon sens, et lever en l'air ses deux bras avec la régularité que permettent les fils d'archal ! Écouter les vers de papier mâché avec des oreilles de bois et les saluer avec le rire de bois patient et inexorable ! Avoir une fiancée blanche et rose qu'on rajeunit pour deux sous en la faisant peindre et vernir, et pouvoir de ses mains de bois taper assez fort sur le devant de la baraque pour empêcher les bonnes et les voltigeurs d'entendre la chanson du marchand de coco et le bruit du feuilleton ! Et quand on vient vous chercher pour vous mener à l'Académie ou au Capitole, pouvoir répondre avec un clappement joyeux : « La comédie est finie, revenez demain, je suis dans la boîte ! » — Et, cependant, accoudé à sa baraque, sous le marronnier poudreux des Champs-Élysées, le Shakspeare du théâtre en plein vent mange de bon appétit ses trois sous de pain et sa saucisse chaude !

Eh bien, — mon camarade Monselet me demandait l'autre jour, en plein journal, ma foi ! pourquoi je m'intéresse tant aux comédiens bouffons, à ces philosophes d'après minuit, qui s'en vont le crochet à la main et la hotte sur le dos ramassant au coin des bornes les vieilles facéties, et qui, le soir, suivent le bel art par les carrefours pour lui jeter de la boue dans les cheveux et de

l'huile dans le dos : voici pourquoi ! C'est que parmi eux il
existe une race bénie à qui il fut donné de réaliser ce rêve
que nous poursuivons en vain : être marionnettes ! Ainsi
Brunet, Odry, Alcide Tousez, artistes heureux, morts
illustres ! Ils n'étaient ni nobles, ni bourgeois, ni marchands, ni pairs de France, ni marchands de peaux de
lapin, ni réalistes. Ils étaient nés dans la maison de Jo-
crisse, et ils avaient été tenus sur les fonts par Cadet
Rousselle ! La vertu, ils la pratiquaient sans connaître
d'autres magistrats que le commissaire et le diable, et pour
eux toute la nature, c'était cette toile de fond où il y a les
deux palmiers et le chalet suisse ! Pour ami, ils eurent le
chat, et leur don Juan fut Polichinelle ! Dès qu'ils étaient
assez grands pour porter culotte, on les envoyait chez le
culottier du roi Dagobert, et s'il leur fallait absolument
une profession, ils allaient prendre des leçons du compère
Guillery, et ils le suivaient à la chasse aux perdrix, *carabi !*
Ils courtisaient Colombine en lui apportant un bouquet de
giroflées, *giroflée*, *girofla*, et ainsi, protégés dans le
monde par la gloire de leur aïeul Pierrot et de leur oncle
Paillasse, héritiers opulents et déguenillés de la ronde
populaire et de la parade populaire, les grands drames de
leur existence étaient la pendaison du papillon changé en
diable et l'assassinat du chat de la mère Michel ! Un jour,
comme tous les immortels, ils moururent, et nous avons
pleuré, sur l'air de Marlborough, leur dynastie éteinte.
Séchons nos larmes ! Croquemitaine et Athalie avaient
épargné sans le vouloir un enfant à la mamelle. Joas gran-
dissait dans le temple, je veux dire dans l'étable où on
avait remisé le chariot de Thespis, il croissait en déraison
pour écraser tout à l'heure les raisins noirs sur la folle
épaule des Bacchantes ! Et Joas, c'était le petit Lassagne,

le même qui devait devenir le grand Lassagne dont le
MON DIEU-JE!!! est populaire à Sumatra et aux îles
Açores, comme sur le boulevard Italien et rue Mouffetard!

Si le grand sabre que vous savez n'a pas égorgé et coupé
en morceaux d'ici à quinze jours tous les biographes,
comme il n'est que trop probable, certaines biographies
vous raconteront que Lassagne, fils d'un célèbre graveur
de province, après avoir terminé ses études dans sa ville
natale, s'est enfui pour ne pas embrasser la profession de
son père, et, pauvre artiste, luttant contre la misère des
débuts, a recommencé un à un tous les tristes chapitres de
ce roman comique qu'il faut feuilleter d'un bout à l'autre
avant de conquérir, à force de volonté et de talent, cet
Eldorado du comédien : une position à Paris! Elles vous
rediront, après Édouard Ourliac, ces douleurs de Janot
suant la fièvre sous sa perruque de chiendent, et parfois
effaçant son rouge avec des larmes brûlantes. N'en croyez
pas un mot. Beaucoup mieux informé, heureusement pour
nous, que ces historiens au courant de la plume, nous
allons vous raconter la réelle et véridique légende du comédien Lassagne, telle que la vendront pendant l'éternité
les libraires d'Épinal, en même temps que les légendes de
Mandrin, du *Juif-Errant* et des *Quatre fils Aymon!* —
Connaissez-vous les bizarres dessins inédits où un écrivain
charmant, Armand du Mesnil, a représenté, mieux que
Tony Johannot, les extravagances des rêves bleus? Dans
cette merveilleuse imagerie, tracée au trait d'une main
spirituelle et hardie, l'homme, la plante et la bête féroce
se mêlent ensemble pour donner naissance à des créatures
qui grimacent comme un bouffon et qui ont des racines
comme un chêne, à des hommes à front d'oiseau qui ont
des rictus d'Auvergnat et des griffes de tigre. Un jour, il

y a sept ou huit ans de cela, le grand statuaire Préault vit une de ces caricatures, et, trouvant sous sa main un morceau de bois et un vieux canif, il s'amusa à tailler, d'après le dessin d'Armand, une image grotesquement sauvage, passionnément tordue et démantibulée, qui portait le cachet cruel de son génie. Gustave Doré, encore enfant, qui se trouvait là par hasard, s'amusa à peindre avec une vieille brosse la statue ironique; aussitôt ces fées et ces génies, qu'on ne croit pas vivants, les images de Gavarni, de Cham, de Topfer, de Cruyshank sortirent en foule des albums, et sautèrent sur la table pour doter le nouveau venu. L'un lui donna le visage effaré, l'autre la bêtise sereine, celui-là l'art de ne pas chanter sur l'air. Il eut aussi l'épouvante comique et la parodie de la grâce, le don de décrocher le lustre avec ses yeux et celui de marcher sur des œufs absents, et surtout il reçut un charme pour attirer et fixer au-dessus de sa perruque rouge les papillons symboliques, comme le parricide Oreste entraînait, volant au-dessus de sa tête, la Fatalité et les Furies. Une petite carabosse criait à tue-tête : « Tu porteras la redingote jaune à brandebourgs ! » et enfin l'Hélène grecque, dessinée par Daumier en son *Histoire ancienne*, embellit Lassagne d'une beauté suprême, l'anima d'une pichenette et le baisa au front, tandis qu'un tourlourou de Charlet lui enseignait le fameux O MON DIEU-JE! qui depuis a fait sa force.

Ainsi né à l'âge de vingt ans, et jeté sur la scène au sortir de son baptème fantastique, doutez-vous que Lassagne dût avoir toutes les audaces? Aussi il les a toutes. Voyez-le, conscrit ou pâtissier, terrible en ses amours, il parle, et épouvantés comme s'ils avaient senti le fouet du carillonneur Commerson, les mots de la langue française s'appliquent sur la figure d'horribles masques échevelés, et ils dansent au bruit des éclats de rire. Oui, ces mots, si bien peignés et parés par les soins intelligents de Lambert Thiboust, se précipitent dans une valse furieuse, ils s'engouffrent comme des bosquets de féerie, et Lassagne les repêche à la ligne, Lassagne les rattrape sur la pointe d'un bilboquet. Lassagne s'accroche à la queue de ces mots, devenus cerfs-volants, tout en adressant à la jolie Caroline Bader un madrigal copthe qui fait crouler la salle sous des rires de tonnerres ! M. Prud'homme ne manquerait pas de s'écrier : « Ce n'est pas ainsi que je comprends l'art dramatique, et il me semble que Baptiste cadet avait mieux étudié le cœur humain ! » Eh bien ! M. Prud'homme se tromperait comme toujours ! Les cauchemars de nos démences sont aussi vrais que les aspirations de notre cœur. Hamlet est aussi vrai que Roméo. Mais que dis-je ! dans le groupe de ses victimes, grisettes palpitantes et cuisinières éblouies, Lassagne est Roméo comme il est Hamlet : il est don Juan aussi, entraînant quand il s'écrie : *Oh! oh! oh! mais quoi! je vous adore!* terrible s'il se met à dire : *Moi, voyez-vous, je suis bon enfant, mais il ne faut pas qu'on se fiche de moi!* épique quand il prononce le cabalistique et immortel MON DIEU-JE !

Il dit aussi SEIGNEUR-JE et DÉSESPOIR-JE ! Quand je vous affirme qu'il fait tout ce qu'il veut ! Et même, ô miracle ! ô merveille ! ô profanation ! ô victoire inouïe ! ô violation ! ô triomphe ! ô démence exécrable et heureuse ! cet Attila-Lassagne a osé toucher de ses mains hardies à la carpe que Bilboquet devait marchander la semaine prochaine ! Avant ses grandes batailles de *Rose des Bois*, du *Quart de Monde*, de *Madelon Lescaut* et de *Janot chez les Sauvages*, il a endossé le carrick du grand homme, et il n'a pas été foudroyé ! Cette carpe, la carpe historique, en plein théâtre des Folies, avant d'entrer aux Variétés, il l'a non pas marchandée, ce serait trop facile, il l'a volée et conquise à coups de poing et à coups de génie, et il en a souffleté les passants, Cassandre aux jambes tremblantes et Arlequin couleur d'arc-en-ciel ! Il a souffleté la Poésie même sur le visage de cette muse Sapho, dont l'ode unique nous fait bondir le cœur après les siècles ! Il a joué, parodiée par Louis Boyer, et dans quels vers ! au milieu des sifflets et des hurlements aux Folies-Dramatiques, la *Sapho* de Philoxène Boyer ! O divinités d'Homère ! Sapho s'appelant la *Veuve Sopha*, Sapho disant SEIGNEUR-JE ! ! ! Sapho disant MON DIEU-JE ! ! ! et moi-même, il m'a fait sourire. Qu'ajouterai-je? Lassagne a joué la *Canaille*, il a joué la *Veuve Gibou*, et Odry n'est pas sorti de sa tombe pour lui crier : « Rends-moi mon habit! » Ce gaillard-là fait bien d'avoir été béni par les fées.

Nous vivons dans une époque surhumaine où les astres et les flots sont domptés, où les villes sortent de terre à la baguette, où la foudre change les filles en garçons, et où un jardinier magicien fait vivre, naître et mourir les fleurs en cinq minutes (nous l'avons vu au passage Jouffroy !). Mais ce qu'il y a de plus extraordinaire à l'heure où j'écris, c'est le MON DIEU-JE ! ! ! de Lassagne.

THÉODORE DE BANVILLE.

EUGÉNIE SCHAVÉROCHE

Tes yeux, puissante Schavéroche,
D'un noir sablé d'or, fiers et doux,
Sont plus clairs que de l'eau de roche;
De grands cils, comme des jaloux,

Semblent en défendre l'approche.
En vain à leur courbe s'accroche
Mon amour, le plus fou des fous,
Les feux meurtriers que décoche
Ton regard, belle Schavéroche,
Le rejettent à tes genoux !

F. D.

INTÉRIEUR D'UN PEINTRE

Il ne s'agit plus ici de la description d'un salon jaune, velours d'Utrecht : ne trompons jamais. Le dessin ci-joint, lui-même, ne peut donner qu'une faible idée de l'atelier désordonné dont la peinture exige des études que n'ont point faites les personnages de M. Scribe.

Parlons d'abord du peintre (tâche grave !) Amand Gautier, natif de Lille, préoccupé tout à la fois des soleils couchants du romantisme qui se plongeait royalement dans la mer, et de la nature pierreuse, poussiéreuse, et en plein jour, du réalisme, vint à Paris vers l'an 18... (la fraction ne fait rien). Son jeune âge, les indécisions du commencement, l'*herbe tendre* aussi, le firent s'asseoir sur les bancs de la brasserie Andeler, université réaliste. Il ne fut pas long à attirer le regard de velours de Courbet. Les théories d'esthétique, l'*objectif* et le *subjectif* du

5

maître peintre, mêlés à la fantaisie dorée et au désir de
l'étrange, tracèrent une voie, un sentier à Amand Gautier.
Le voilà qui se met à l'œuvre, et bientôt les *Frères de la
doctrine chrétienne* se promenaient sur une toile du
peintre et lui valaient un grand succès à l'Exposition de
1855. — Les *Folles de la Salpétrière*, cour des agitées,
lui méritèrent quelque temps après ces lignes de son
illustre homonyme, le grand poëte Théophile Gautier.

« Vous rappelez-vous cette bande d'ignorantins se pro-
menant deux par deux comme des corbeaux dans la plaine
avec je ne sais quoi de triste et de touchant, malgré la
silhouette presque caricaturale des robes retroussées à la
poche et des grands chapeaux à la Basile? — Ce tableau
très-fin, très-mélancolique et très-senti, était de M. Gautier, qui en a fait lui-même une excellente lithographie.
—Il a exposé cette année les *Folles de la Salpêtrière*,
une scène qui n'a rien de commun avec l'hôpital des fous
de Kaulback. M. Gautier n'a pas fait comme le peintre
allemand l'esthétique et la symbolique de la folie; — il a
représenté tout naïvement la cour des agitées, à la Salpêtrière, — on sait ce que la médecine entend par cette
désignation, — et il a produit un effet puissant. Ici l'imagination ne saurait rien inventer de plus triste que la
réalité. La démence pétrit, déforme, sillonne, aplatit,
allonge d'une façon horriblement tragique ces masques de
chair molle que ne soutient plus la conscience, et par les
trous desquels ne brille plus la pensée. M. Amand Gautier
a observé, avec une profondeur patiente, ces physio-
nomies hébétées ou furieuses, ces poses exaltées ou machi-
nales. Nous vous recommandons la vieille femme vêtue
de haillons, qui se promène, comme l'ombre d'un corps
absent sur une muraille blanchâtre, la tête basse, les bras

ballants, les pieds traînants, avec l'ennui d'une bête fauve
en cage, sous le poids d'une idée fixe, implacable, éter-
nelle. L'enfer est gai à côté de cela.

« THÉOPHILE GAUTIER. »

Les bons Lillois, qui, comme des parents, ne pouvaient
s'imaginer qu'un des leurs fût un artiste remarqué, refu-
sèrent ce beau tableau offert généreusement par l'auteur
lui-même au musée de sa ville natale. Ils ont de quoi s'en
mordre les pouces maintenant.

A l'Exposition de cette année, Amand Gautier fit re-
marquer les *Sœurs de Charité*, tableau très-étudié et
très-doux. En voici la description exacte et savante faite
encore par Théophile Gautier :

« Sous certains aspects, M. Amand Gautier se rattache
aux réalistes, mais il s'en éloigne par un sentiment tout
particulier : sentiment mélancolique, austère, presque
janséniste, si un pareil mot peut s'appliquer à la peinture. Sa *Promenade des Frères ignorantins*, ses *Folles
de la Salpêtrière*, exposées aux Salons précédents, et à
celui-ci les *Sœurs de Charité*, témoignent d'un goût
instinctif pour les sujets tristes, pauvres, grisâtres, où la
pensée domine. Les *Sœurs de Charité*, qui forment sans
doute pendant à la *Promenade des Frères ignorantins*,
sortent de leur couvent, maussade bâtisse signée d'une
croix noire au-dessus de la porte; de longs murs gris, un
pavé entre les joints duquel pousse l'herbe, quelques
arbres aux rameaux grêles, un ciel plombé, tel est le site;
pieux troupeau, les mains dans les manches, la tête
penchée sous la coiffe rabattue, s'est mis en marche de ce
pas monastique qui semble toujours glisser sur une dalle

funèbre. Les sœurs s'en vont deux à deux par la ruelle étroite, et la supérieure se retourne pour quelque recommandation vers la sœur tourière restée sur le seuil. Malgré l'uniformité que donnent le costume, la discipline et le renoncement au monde, dans ces figures toutes pareilles en apparence, M. Amand Gautier a su exprimer d'une façon visible le caractère particulier de chaque sœur; on devine la résignée et la fervente, l'ascétique et la pratique; on pourrait presque dire les motifs qui ont déterminé leur vocation. Mais ce que l'artiste rend surtout d'une manière admirable, c'est l'ennui froid du cloître, tel qu'il est aujourd'hui, au fond de quelque impasse déserte, dans un quartier perdu, avec la plate monotonie moderne, sans la beauté et le grandiose des couvents d'Italie ou d'Espagne. M. Amand Gautier peint comme Joseph Delorme versifiait. »

En effet les choses d'un ton criard, le bruit de la couleur, n'ont pas jusqu'à présent inspiré de violentes peintures à Gautier; cependant il parut plaisant à M. Polichinelle, dont j'eus l'honneur d'être l'ambassadeur, de commander son portrait au peintre des *Frères de la doctrine chrétienne* et des *Sœurs de Charité*. Je griffonnai au bas du tableau ce sonnet irrégulier moins défaillant que celui de Desbarreaux :

POLICHINELLE

C'est Polichinelle! il est triomphant!
Il vient de rosser la mère Gigogne,
Après s'être assis sur leur pauvre enfant.
Puis il s'est empli de vin de Bourgogne.

POLICHINELLE

Heureux d'avoir fait et bu les cent coups,
Roué les maris, saccagé les femmes,
Il ne songe encor qu'à rompre des cous !
Ce Polichinelle a des mœurs infâmes !

Ses bosses, qui sont si grosses de torts,
Ne contiennent pas le moindre remords.
Dans sa gorge un coq chante et fait ripaille.

Il est fier, content de lui, rayonnant !
Son nez radieux rit à tout venant.
Il ne mourra pas, un jour, sur la paille !...

Entrons, messieurs, mesdames, dans l'atelier.

Un bilboquet énorme, seule distraction du pensif Gautier,
est appendu à la muraille. La tortue, image de la vie de
son maître, se promène doucement et fait par jour deux
lieues dans dix pieds carrés. Elle ne se préoccupe de rien,.
et le joli singe nommé Arthur, qui tire la queue de la
chatte, ne la fait pas même s'arrêter un instant. Une
alouette en cage, qui se croit dans les blés, chante des airs
que lui apprend Gautier avec une serinette dont il *touche*
à merveille. Deux perruches et un perroquet complètent
l'ameublement. Parmi les ébauches, on en distingue une
représentant un rat blanc, étendu sur le flanc, plus triste
et plus mort qu'un cadavre d'homme. Son museau pointu
semble encore remuer, grouiller comme du mercure, et
laisse voir deux petites incisives jaunes. Au-dessus est
écrite cette simple épitaphe : Ma bonne bête !

Ce fut un grand événement dans la vie de Gautier que
la mort de ce rat blanc. Ce rat aimait tant le talent de
son maître, que, pour n'y causer aucun désordre, aucune
fêlure, par des dissensions intestines, il consentit à vivre
en intelligence parfaite avec la chatte, qui, de son côté,
ne fit point la récalcitrante. Ils en arrivèrent à coucher

ensemble. Le rat blanc en mourut. Gautier désespéré courut chercher le docteur Gachet, 9, rue de Montholon. Le docteur ne put que faire l'autopsie du rat, et il déclara que la *bonne bête* était morte d'un cancer aux reins.

Les idées les plus noires s'emparèrent de Gautier. On croit que c'est à cette époque qu'il s'adonna à la lithographie. Il avait d'abord songé à une espèce de suicide, autre et plus énergique; il ne faut attribuer qu'au joli singe Arthur cette atténuation dans la désespérance. M. Gaudibert, armateur au Havre, acheva la consolation en promettant à Gautier un nègre, fils de roi, qu'il lui expédiera prochainement.

Ah çà, mais, diront les profanes, cet atelier sera une ménagerie. Laissons dire. Je viens de parler du Havre; je profite de l'occasion pour monter sur les épaules d'un de mes gros amis et crier du haut de ce monument, aux amateurs et aux armateurs, que je suis le seul auteur de cette proclamation qui faillit me coûter la vie au Havre, pour l'avoir affichée sur le piédestal de la statue du célèbre Casimir :

> Habitants du Havre, Havrais,
> J'arrive de Paris exprès
> Pour mettre en morceaux la statue
> De Delavigne (Casimir);
> Il est des morts qu'il faut qu'on tue!
> Moi, je m'appelle Clodomir,
> Clodomir, soit! mais je suis digne :
> Je hais Casimir Delavigne!
> Ponsard est sa feuille de vigne
> Qu'Émile Augier voudrait cueillir!

Théophile Gautier dit que le peintre Gautier se rattache aux réalistes sous certains aspects; les réalistes

ATELIER DU PEINTRE AMAND GAUTIER

s'aperçurent qu'il s'éloignait d'eux sous beaucoup d'autres.
Alors des bruits sinistres injectèrent la fumée de la bras-

serie Andeler ; il fut affirmé que Gautier possédait des
vins fins : sa trompe, ajoutait-on, lui sert secrètement à
crier au portier, dépositaire des clefs de la cave : « Qu'on

monte le panier ! » On nomma les vins. Ils s'appelaient Beaune et Saint-Marceaux ! Saint-Marceaux, un des deux plus grands vins de Champagne ! Il fut convenu entre les réalistes qu'on prendrait des mesures pour surprendre le traître Gautier enlaçant ténébreusement des femmes décolletées et brandissant des bouteilles à tête d'argent.

Ces bruits étaient-ils fondés ? Toujours est-il qu'ils firent fuir Gautier sur la rive droite de la Seine. Un magistrat aurait vu là une preuve de culpabilité. Quoi qu'il en soit, ce serait, s'il était avéré, le seul crime qu'on pourrait reprocher au peintre des *Folles de la Salpêtrière*.

Au moment de terminer, on m'apporte mon portrait peint par Courbet, avec une inscription signée Ch. Monselet :

VERS POUR ÊTRE MIS AU BAS DU BUSTE DE FERNAND DESNOYERS

De l'auteur de *Bras noir* voyez ici l'image :
C'est un Parisien romanesque et railleur ;
Réaliste et sensible, il veut un double hommage :
Il ressemble à l'objet qu'on appelle chou-fleur.

Ch. Monselet.

1er septembre 1859.

(Mot de la charade : *Chou-fleur.*)

Fernand Desnoyers.

LES MODES PENDANT LA RÉVOLUTION

Bonnets à la Pierrot. — Gilets à la Robespierre. — La carmagnole. —
La jeunesse dorée. — Les incoïables. — Les merveilleuses du Directoire. — L'ajustement à la *sauvage*. — Fêtes extraordinaires. — Le
chapitre des *modes du jour*.

Les ajustements tendent à se simplifier depuis le 14 juillet
1789.

Les hommes élégants se contentent d'habits de drap cannelé
ou moucheté, avec une doublure disparate; ainsi, quand la
surface même est jaune, rouge ou noire, l'autre est bleu de
ciel, verte ou blanche. Les boucles de souliers aux *petits pages*,
à la *Bastille*, au *tiers état*, se font en argent guilloché. Les
souliers à talons ont disparu; l'épée est supprimée. On décore
les chapeaux en pain de sucre d'une cocarde et de faveurs tri-
colores.

Les dames renoncent aux robes décolletées, ou ne les portent
qu'avec des mouchoirs. Il ne reste des innombrables bonnets
d'autrefois que les bonnets de gaze blanche à la *grande prêtresse*, ceints d'un large ruban; les bonnets à la *pierrot*, cha-
marrés de dentelles et réservés aux dames âgées; les bonnets
à la *laitière*, qui se placent sur la partie postérieure de la
tête. On voit aussi des coiffes sur le devant desquelles sont
brodées en soie verte, au milieu de branches d'olivier, une
bêche, une épée et une crosse, insignes des trois ordres.

Les modes se simplifièrent à mesure que la Révolution pro-
gressa. La parure fut proscrite comme un signe de royalisme,
et Robespierre osa seul la conserver. En 1793, la parure des
hommes consistait en tricornes dits *chapeaux* à la *suisse*; cheveux plats en *chien canard*; cravate nouée négligemment;

gilets rayés, à revers, dits à la *Robespierre*; redingotes longues brunes ou vert-bouteille; culottes de daim collantes; pantalons flottants; bottes à revers jaunes; souliers plats ou sabots.

Des *baigneuses* ornées de la cocarde tricolore, de simples chignons, des robes de toile de Jouy, telle était la toilette des républicaines. Les *sans-culottes* se couvraient la tête du bonnet phrygien, ou d'un bonnet de police à longue queue rabattue sur l'oreille. Les démocrates élégants chamarraient cette dernière coiffure de broderies d'or et d'argent.

La *carmagnole*, veste ronde des ouvriers, et qui devait naturellement primer dans un grand mouvement populaire, est un habillement d'une haute antiquité, car on le voit sur le dos d'un mime, dans la précieuse collection de vases peints de sir William Hamilton. Ne croyons pas cependant, sur la foi de Lacretelle, Toulongeon et autres historiens suspects, que le cataclysme révolutionnaire eût englouti le bon goût, l'élégance, la recherche, l'esprit mobile et la futilité des générations antérieures.

A la vérité, les coiffeurs Larseneur et Léonard avaient perdu une partie de leur clientèle; mademoiselle Bertin ne travaillait plus avec Sa Majesté la reine; mais la mode et les modistes n'avaient point renoncé à leurs droits.

Nous trouvons dans le numéro 58 du *Journal de Paris*, en date du 19 octobre 1793, une longue annonce de la citoyenne Raspal, ci-devant Teillard, demeurant au Palais ci-devant Royal, galerie de la rue ci-devant Richelieu, *au Pavillon d'or*, n° 41. La citoyenne Raspal offre aux dames des robes *pékin velouté et lacté, en raz de soie africain, en chinoises satinées*, et sur sa liste figurent, avec des accolades marginales, les *caracos* à la *Nina*, à la *sultane*, à la *cavalière*, les *robes rondes* à la *persienne*, les *chemises* à la *prêtresse*, les *ceintures* à la *Junon*, à la *Renommée*, les *robes* à la *Psyché*, à la *ménagère*, à la *turque*, en *lévites*, au *lever de Vénus*, l'habillement à la *républicaine*.

« Ce vêtement, dit la réclame, enveloppe entièrement, prend la taille avec une grâce parfaite; il clôt par-devant avec des boutons; une ceinture à la *romaine* noue sur le côté; il est d'une tournure délicieuse. »

A l'heure où la citoyenne Raspal formulait son prospectus en style anacréontique, un million d'hommes marchaient aux frontières; la guerre civile éclatait en Vendée, en Normandie, dans le Midi; les Girondins allaient périr; les prisons de Paris renfermaient deux mille neuf cent soixante et quinze détenus, et le tribunal révolutionnaire avait déjà envoyé cent douze condamnés à l'échafaud.

La terreur fut suivie d'une réaction en faveur du luxe. L'or, les diamants, les dentelles, rehaussaient de nouveau la beauté des femmes. La *jeunesse dorée* applaudissait avec transport ce couplet du *Concert de la rue Feydeau*, vaudeville des citoyens Chaussier et Martainville, représenté le 1er vendémiaire an III (22 septembre 1794), sur le théâtre des Variétés-Amusantes, au jardin Égalité :

> Naguère, on voyait dans la France
> Un régiment de scélérats,
> Portant pour habit d'ordonnance
> Le pantalon, les cheveux plats.
> Trop longtemps l'affreux vandalisme
> Du luxe a proscrit les bienfaits ;
> Sur les débris du sanglant terrorisme.
> Qu'il renaisse chez les Français (*bis*).

Les vainqueurs du 9 thermidor célébrèrent leur triomphe par un excès de dévergondage. Tous ceux qu'avait comprimés la terreur, les jeunes réfractaires, les ex-nobles, les faux républicains, les agioteurs, les représentants concussionnaires, furent saisis d'un fol enivrement.

Ce fut, pendant plusieurs années, une succession de fêtes et de plaisirs. Durant le rigoureux hiver de 1795, alors que le bœuf coûtait un franc vingt-cinq centimes la livre, et l'eau soixante et quinze centimes la voie; alors que le louis d'or valait jusqu'à dix-huit mille francs en assignats, vingt-trois théâtres et *dix-huit cents* bals étaient ouverts tous les jours. Il y avait insuffisance de violons, de grosses caisses et de clarinettes. On dansait dans les salons; on dansait aux barrières; on dansait dans les caveaux du palais Égalité, ci-devant Royal; on dansait dans les monastères, dans les églises abandonnées; une guinguette s'était installée dans l'ancien cimetière de Saint-Sulpice, et, à côté de l'inscription funéraire du portail : *Has ultra metas, beatam spem expectantes requiescunt*, on lisait sur un joli transparent rose : *Grand-bal des zéphyrs*.

En mémoire d'un passé sanglant, la *jeunesse dorée* institua les *bals des victimes*, auxquels assistaient ceux-là seulement qui avaient perdu des ascendants ou des fils sur l'échafaud; les collatéraux ne comptaient pas. Les muscadins s'affublèrent du costume à la *victime* : chapeau rond à larges bords, cheveux ras par derrière, cravate colossale, habit-décolleté à basques quadrilatérales, gros bâton plombé, bas de soie chinée, souliers évasés, à bec pointu. Les royalistes se distinguaient par des cheveux cadenettés, des collets et des cravates vertes; ceux qui s'habillaient ainsi s'exposaient à être insultés par le peuple, et même à recevoir des coups de sabre des gardes du Directoire.

L'emploi des besicles fut mis à la mode par ceux qui appréhendaient le service militaire.

Les *incoïables* ou *inconcevables* affectaient d'éviter toute articulation énergique, à l'instar des derniers marquis. Ils disaient : *Ma paole supème, ma paole victimée, c'est hoïble, en véité !* et : *Secsa*, pour *Qu'est-ce que c'est que ça ?*

Le *Journal de Paris* du samedi 11 juillet 1795 dit en signalant ces faits :

« Il se manifeste dans l'espèce humaine un abâtardissement sensible. Les jeunes infortunés qui en sont atteints évitent les consonnes avec une attention extrême. Leurs lèvres paraissent à peine se mouvoir, et, du frottement léger qu'elles exercent l'une contre l'autre, résulte un bourdonnement confus, qui ne ressemble pas mal au *pzpzpz*, par lequel on appelle un petit chien de dame. Ce qui n'est pas moins affligeant, c'est que le même symptôme se manifeste dans les jeunes personnes, et il est triste de penser que ce sexe, qui fait ordinairement un usage si aimable de la parole, soit à la veille de la perdre entièrement. »

Les roués de la Régence s'étaient divertis avec des marionnettes de carton; ceux du Directoire jouaient avec des *émigrants*, disques de bois cannelés qu'on faisait alternativement monter et descendre à l'aide d'une ficelle qui s'enroulait autour du point central.

Comme pour protester contre un gouvernement qui avait mis la pudeur et la modestie à l'ordre du jour, les *merveilleuses* se montrèrent en public demi-nues. Leurs robes blanches à l'*athénienne*, en étoffe diaphane, étaient fendues latéralement depuis les hanches. Madame Tallien, qu'on avait surnommée Notre-Dame de Thermidor, parut aux bals de Frascati avec une robe à l'*athénienne*, deux cercles d'or en guise de jarretières, et des bagues à chaque doigt de ses pieds nus, posés sur des sandales.

L'ajustement à la *sauvage* consistait en un justaucorps de cette gaze claire que Pétrone appelait *ventum textile*, *nebula linea*, et en un pantalon collant de tricot de soie, couleur de chair.

A la promenade, on portait des robes de linon traînantes, dont on ramenait les plis sur le bras droit :

Des châles sang de bœuf,

Des corsets à l'*humanité*;

Des chapeaux de paille à *lucarne*,

A *cul de panier*,

A la *Paméla*;

Des bonnets à la *justice*,

A la *folle*, etc.

L'*Almanach des Muses* de 1797 contient sur ces derniers l'épigramme suivante :

De ces vilains bonnets, maman, quel est le prix?
    — Dix francs. — Le nom? — Des bonnets à la folle.
    — Ah ! c'est bien singulier, interrompit Nicolle :
        Toutes nos dames en ont pris !

La plupart des élégantes se coupèrent les cheveux pour se coiffer à la *sacrifiée*, pour prendre des perruques blondes frisottées à la Bérénice ou *nattées* en *anneau de Saturne*. C'était une manière d'honorer les victimes, dont les cheveux, recueillis par des mains pieuses ou intéressées, avaient servi à la confection des premières perruques.

Les années 1796 et 1797 inaugurèrent avec un prodigieux succès les fêtes *extraordinaires*, aux feux d'artifice, ballons, musique d'harmonie, illuminations en verres de couleur. Les artificiers Ruggieri et Lavarindère acquirent à la fois de la fortune et de la célébrité. Tivoli, l'Élysée, l'hôtel de Biron (rue de Varennes), Mousseaux, Bagatelle, Beaujon, le Ranelagh, les jardins d'Idalie ou de Marbœuf, attirèrent une multitude empressée. On poussa la passion de la pyrotechnie au point qu'à la fin des grands dîners, suivant le *Journal des dames et des modes* du 20 frimaire an III, une pluie de feu partait à l'improviste du *dormant* central, et s'éparpillait sur les convives.

Une mode de 1797, celle des *collets noirs*, fit couler le sang. On la regardait comme un signe de ralliement adopté par les émigrés, les déserteurs, les *clichiens*, et ceux qui osaient se parer de *collets noirs* s'exposaient à être attaqués par le peuple ou par les soldats de la garde directoriale.

Les modes des dernières années du dix-huitième siècle n'ont été nulle part mieux peintes que dans un ouvrage, assez médiocre d'ailleurs, de J. B. Pujoulx, *Paris à la fin du dix-huitième siècle* (an IX, 1801). Voici dans son entier le chapitre des *modes du jour* ·

« Saisissons les modes du jour; elles vont fuir.

« Lecteur, retenez la date de ce coup d'œil rapide, et ne m'accusez pas d'inexactitude; car la mode aura changé vingt fois entre l'époque où j'écris et celle où vous lirez ce chapitre.

« J'arrive dans un cercle dont le ton est *ce que nous avons de mieux aujourd'hui;* c'est l'expression reçue.

« Suis-je en France, en Grèce, en Angleterre ou à Constantinople ?

G

« Je suis en Grèce, sans doute; oui, je suis dans un séjour respecté par les peuples qui ont successivement régné dans ce beau pays. Ces meubles, ces lits de repos, ces fauteuils, ces draperies, ces candélabres, ces autels, ces trépieds, tout est grec, tout m'annonce que je suis dans la maison d'une de ces femmes aimables que visitaient quelquefois les sages. Que dis-je ! c'est l'appartement d'Alcibiade; l'illusion est complète; et, si le philosophe Anacharsis pouvait revivre encore à la voix du sage Barthélemy, il croirait être dans la patrie du goût et des beaux-arts.

« Mais l'illusion cesse en portant mes regards sur ce cercle de femmes aimables, d'aimables jeunes gens, et je répète : Suis-je en France, en Grèce, en Angleterre ou à Constantinople ?

« Oh ! je suis en France; cette femme qui tient un sac brodé, semblable à celui de ma respectable aïeule, cette femme est Française. — Non, je me trompe : ses cheveux courts, hérissés, la trahissent; et jamais les Françaises, les Grecques, les Romaines, ne se hérissèrent ainsi. Cette coiffure, qui ressemble assez à la robe du porc-épic, semble indiquer quelque sauvage des climats brûlants.

« Mais que vois-je ! une longue chaîne d'or pend à son cou, beaucoup plus blanc que l'albâtre, et supporte un large médaillon, ou plutôt un tableau.

« Oh ! ce n'est pas là une femme sauvage : les Topinambous ou les Morgojos n'ont jamais eu d'aussi bons peintres. Voyons si le costume ne donnera pas quelque indice... Le derrière de son cou, une partie de ses épaules, sa gorge, tout cela est découvert comme au temps où les Médicis vinrent en France; mais, au lieu de ces amples collerettes qui plaçaient tous ces charmes comme au fond d'un vaste entonnoir, elle n'a pour vêtement qu'une longue chemise de mousseline qui, par sa transparence, se teinte de la couleur *rosée* qu'elle emprunte de ce qu'elle feint de couvrir, et qui, par la mollesse de son tissu, laisse deviner les formes qu'elle embrasse de ses plis longs et pressés; ce vêtement est celui d'une nymphe; mais ce n'est point là une tunique grecque, car le haut serre une partie de la taille; une manche très-courte et froncée, à plis arrêtés, laisse voir le coude et presque tout le bras. Oui, c'est une nymphe; ces cheveux hérissés et dégouttants d'*huile antique* toute fraîche; ce vêtement léger, transparent, et qui ne peut convenir qu'à la beauté solitaire, tout indique une nymphe sortant du bain.

« Passons à sa voisine. Celle-ci est une odalisque échappée du harem de quelque Turc très-puissant; ce turban léger, cette aigrette brillante l'indiquent assez. Ah! je me trompe, et la robe m'éclaire : ces parties qui recouvrent les bras, ces espèces de crevés, cette garniture, ces bouffettes, tout cela a quelque chose d'espagnol, et ressemblerait assez aux robes de cour françaises, après la suppression de l'étiquette, si la taille ne commençait pas un peu trop haut. Cherchons d'autres indices... Ce châle, c'est une parure orientale; cette chaussure assujettie par des cordons placés avec grâce autour de la jambe m'indique une Grecque... Je m'y perds; passons à une autre.

« Celle-ci est plus bizarre encore. Un bonnet qui ressemble parfaitement aux coiffes de nuit de mon grand-père; un long voile, ou plutôt un rideau, qui pend jusqu'au-dessous de la ceinture; une tunique longue, sur laquelle on a placé un petit *pet-en-l'air* de taffetas puce, nommé *spencer*, tout cela compose un ajustement qui vient de deux ou trois peuples, et appartient à deux ou trois siècles différents.

« Quelqu'un s'avance; ces dames vont sortir sans doute; ce jocquez vient annoncer que la voiture est là. — Comment donc! il leur baise la main; quelle familiarité!... Ah! je me trompais : cette manière décente de se balancer en tenant l'extrémité de sa main gauche dans le côté du pont-levis de son pantalon; sa coiffure dégouttante d'huile, son soulier rond et décolleté, le morceau de bambou recourbé qu'il ronge avec grâce, cet air inattentif, ce ton impudent, tout cela m'indique un jeune homme *très comme il faut*.

« *Nota.* Je suis bien aise d'observer au lecteur que ces quatre êtres amphibies franco-turco-anglico-grecs sont trois Françaises et un Français de la fin du dix-huitième siècle. »

ÉMILE DE LA BÉDOLLIÈRE.

Ces curieux documents sont extraits d'un charmant petit volume, *Histoire de la mode en France*, faisant partie de la collection Hetzel et Michel Lévy.

LE BAL BULLIER

CLOSERIE DES LILAS.

Je n'ai jamais aimé pour ma part ces bégueules
Qui ne sauraient aller au Prado toutes seules.
ALFRED DE MUSSET.

La *Closerie des Lilas*, dont nous allons parler, fut d'abord la *Grande Chartreuse*. C'était un honnête endroit, très-peu décoré d'une immense tente que-M. Carnaud aîné, l'ancien propriétaire, avait pompeusement nommée la tente marocaine après la célèbre victoire d'Isly.

La Chartreuse était ainsi nommée, parce qu'elle était située sur l'emplacement des jardins de l'ancienne Chartreuse de la rue d'Enfer. Le terrain était beaucoup plus bas que celui de la chaussée du Luxembourg, de la rue de l'Est, de l'Observatoire et du boulevard Mont-Parnasse; de façon qu'on était obligé de descendre une espèce de rampe assez roide et couverte de planches disjointes, pour arriver à la tente marocaine ou salle de danse.

L'orchestre était placé à l'extrémité gauche en entrant, devant un rajoutis qui servait de café. Cette salle était vaste, aussi peu décorée que possible, bâtie en planches et recouverte de toile peinte. Des statues en plâtre ayant la prétention de représenter les neuf Muses servaient d'ornements. Elles joignaient l'utile à l'agréable, car on avait si bien disposé leurs bras, qu'on leur faisait supporter les lampes-Carcel qui servaient à éclairer le lieu.

Carnaud aîné, un musicien fort habile, par ma foi, conduisait l'orchestre. Ce bal était fréquenté par les collégiens qui faisaient l'école buissonnière, les grisettes de dix-sept ans, ignorantes de leurs charmes, qui, par cela seul, n'avaient encore ni la robe ni le chapeau voulus pour se lancer sur un plus grand théâtre; les rapins des ateliers de peinture et de sculpture, beaucoup de chambrières, des soldats *en bordée*, quelques ouvriers fashionables, orfèvres et décorateurs de porcelaine, et une société fort mêlée, qui n'a pas encore de nom dans notre langue, c'est la grande famille des existences problématiques.

Les étudiants y essayaient un quadrille extra-orageux, en allant et en revenant de la Chaumière. Ils n'y faisaient que passer. Somme toute, c'était une assez mauvaise affaire; Carnaud, qui était un homme intelligent et actif, avait fait tout ce qui était possible pour attirer la jeunesse des Écoles; il donnait des fêtes de midi à minuit, il inventait les cafés chantants, il rédigeait des affiches *superlificoquencielles*, il battait la grosse caisse de toutes les façons connues et inconnues, il composait des quadrilles extra-musicaux, des polkas plus que bruyantes avec enclumes et tambours, des valses entraînantes. Rien n'y faisait. La foule passait indifférente, se rendant à la Chaumière ou bien à Mont-Parnasse.

Il fallut fermer les portes. On avait mauvaise opinion de la Chartreuse, personne n'avait foi en ce bal, le jardin restait désert, aucun spéculateur ne faisait tinter la sonnette du propriétaire désespéré.

Un jour, un homme se présenta d'une profondeur... Non,

c'est Bossuet qui dit cela... Laissons là l'aigle de Meaux, il n'a que faire ici.

Cet homme, cet audacieux, celui qui osait entreprendre de faire une concurrence au père Lahire lui-même, celui qui voulait détrôner la vieille renommée de la Chaumière, c'était Bullier, l'heureux propriétaire du Prado.

On lui fit toutes les objections, les découragements lui arrivèrent de toutes parts; c'était à qui lui donnerait le conseil de ne pas entreprendre; lui seul avait confiance en son idée. Pendant que les autres parlaient, critiquaient, pronostiquaient des malheurs, il agissait. La hache et la pioche abattaient les arbres, nivelaient le terrain; les maçons, les charpentiers et les menuisiers chantaient gaiement en menant le travail. Bullier était partout à la fois, il encourageait de la voix et donnait l'exemple de l'activité à tous. Habit bas, il se mêlait avec les ouvriers et prêtait un coup de main à quiconque en avait besoin. Il prévoyait que, là, il jouait son avenir et sa fortune. Il savait qu'il avait bien des préventions à vaincre, bien des préjugés à détruire, il fallait qu'en un mot l'antique Chartreuse disparût avec sa vieille tente arabe pour faire place à un jardin nouveau, à un palais enchanté. Il fallait que le public, en revoyant les portes de l'établissement ouvertes, ne pût plus reconnaître ce lieu de réputation équivoque.

En moins d'un mois, grâce à l'ardeur de Bullier, tout était prêt, la métamorphose était complète; il ne s'agissait plus que de choisir un nom à ce nouveau temple de Terpsichore (vieux style).

Frédéric Soulié, vers cette époque, venait d'obtenir un immense succès avec la *Closerie des Genêts*, on ne parlait que de cela, tout Paris avait été applaudir ce drame, on était habitué à ce mot nouvellement arrivé de Bretagne. Bullier, en homme intelligent qui sait comprendre toute l'influence d'un nom pour réussir dans notre pays, ne balança pas un moment, le triomphe de l'Ambigu lui parut d'un augure favorable, et, quelques jours après, c'est-à-dire au mois d'avril 1847, ce bal ouvrait ses portes au public; il s'y présentait un immense concours d'étudiants. Tous ceux qui fréquentaient le Prado pendant l'hiver avaient été attirés par le nom du parrain qui se lisait en grosses lettres en sous-titre sur l'affiche. Desblins y conduisait l'orchestre.

Certes, la Closerie, au jour de son ouverture, n'était pas ce que nous la voyons aujourd'hui. Bien des ornements manquaient, la salle mauresque où l'on danse à couvert les jours de pluie, au lieu des trois travées qu'elle possède maintenant, n'en avait qu'une seule, trop étroite pour contenir les nombreux danseurs qui s'y pressaient. Le jardin n'avait pas cet aspect riant qui en fait une des plus agréables promenades de l'été. Bullier avait été pressé par le temps, il voulait ouvrir, prendre date, essayer le goût du public avant que de pousser trop en avant.

Dès qu'il vit ses abonnés de l'hiver lui rester fidèles, il se lança dans les dépenses, et, chaque année, il fait quelque surprise nouvelle à ses habitués. C'est sans cesse salons et bosquets nouveaux, jeux, balançoires, escarpolettes, billards pour les promeneurs de jour, car la Closerie est pour la population du quartier un lieu de rendez-vous habituel pendant les chaudes journées de la belle saison. On y va pour s'y mettre à son aise, absolument comme si on était à la campagne. On y voit en toilette du matin les dames qui doivent y briller le soir dans les quadrilles les plus échevelés. Et c'est, ma foi, très-curieux d'étudier ainsi des dames au grand jour : c'est absolument comme des actrices que l'on voit hors des coulisses. Elles n'ont plus le même caractère; fières, dédaigneuses le soir, lorsqu'elles sont enivrées par le succès, bercées par les applaudissements, rebutées de fades compliments, orgueilleuses de leurs toilettes de soie, ennuyées de gloire et de vanité, le jour, au contraire, les trouve simples, bonnes filles, acceptant avec un gracieux sourire la choppe de bière et le verre d'absinthe. Elles viennent là pour se délasser de leurs triomphes, et, en y entrant, elles déposent leurs masques empruntés, elles oublient les rôles qu'elles se sont tracés, elles sont naturelles, elles ne jouent pas encore leur perpétuelle co-

LE BAL BULLIER (Closerie des Lilas)

médie du soir, elles vivent un moment pour elles-mêmes, laissant de côté tous les airs de tête, les coups d'yeux étudiés au miroir, pour donner audience à la bonne et simple nature.

Les étudiants y jouent presque comme s'ils étaient encore dans les cours du collége, il s'y organise mille parties, on y débite les cancans et les bruits du quartier. Chacun s'y prépare le plus gaiement possible au rôle d'homme grave, qu'il sera appelé tôt ou tard à jouer.

La Closerie des Lilas est le seul bal gai, le seul où l'on danse réellement, le seul où les hommes sont assez intelligents pour laisser la pose aux dames qui ont besoin de faire leurs frais.

Puis vous remarquerez que là les femmes, quoique embellissant chaque soir un nouveau bal, car il n'y a qu'une seule race de danseuses à Paris, courant d'Asnières à la Closerie, de Mabille à l'Elysée-Montmartre, sont pour ainsi dire forcées de s'humaniser et de laisser leurs grands airs de princesse à la détrempe lorsqu'elles visitent le jardin Bullier. Elles sont moins tristes, moins ennuyées, moins guindées là que partout ailleurs. Elle savent se mettre au diapason des habitués du lieu.

Ce n'est pas à dire pour cela que le père Bullier n'ait pas ses fidèles, ses danseuses particulières, qui ne viennent et ne dansent que chez lui ou à peu près. Mais celles-là sont de braves et bonnes filles qui s'en donnent à cœur joie, qui vident crânement la choppe en dégustant militairement la cigarette ou le cigare. C'est une population à part, qui n'a pas encore passé l'eau, qui est sans façon, grignotte toujours quelque chose, croquets, pâtisserie ou sucrerie. Son bonheur est la friandise, elle ne résiste pas aux petits-fours, le baba traditionnel est son utopie, la bière et le grog son délice; aussi la voyez-vous plus souvent figurer au café que dans les quadrilles.

Maintenant le bal Bullier n'ira plus passer l'hiver au Prado. Le Prado est démoli; la Closerie des Lilas reste debout. On y dansera l'hiver et l'été.

Nous ne saurions mieux terminer cet article que par le récit d'un fait, d'un événement, le plus important dans l'histoire de la Closerie des Lilas.

Il s'agit d'une illustre visite dont il est encore question chez Bullier, où elle est passée à l'état de légende.

Béranger, l'ami de cette jeunesse qu'il a si bien chantée, est venu lui rendre visite. Il est venu, l'illustre vieillard, si toutefois le cœur et le talent vieillissaient, s'asseoir au milieu de nous, prendre sa part de nos joies et de nos plaisirs, qu'il caressait du regard et de ce sourire triste et doux de l'homme vertueux qui a souffert.

Pour un homme grave, pour un observateur sérieux, c'est une étude curieuse que celle de la jeunesse intelligente, car en elle réside le grand mot de l'avenir. Or, et Béranger le savait bien, lui qui savait tant de choses, que ce n'est point aux cours qu'il faut aller chercher la gent étudiante pour la rencontrer dans son expression la plus vraie. Là, vous voyez des hommes graves à la recherche d'une vérité qui les fuit, des travailleurs assidus posant la première pierre du piédestal où ils trôneront un jour ; là, vous voyez des magistrats ou des savants, aux dehors polis comme l'acier, mais impénétrables comme lui. C'est donc au sortir de ces âpres études, de ces occupations épineuses, qu'il faut analyser cette organisation multiple, tantôt sévère et réfléchie, tantôt folle, turbulente, et livrée à tous les excès. Aussi c'est au Prado, et point ailleurs, que le chantre de nos gloires nationales est venu poser son camp d'observations.

A peine fut-il entré et assis, qu'un vieil étudiant le reconnut. « Béranger est ici ! » dit-il ; et, la nouvelle de cette bonne fortune, traversant les salles et les jardins avec la rapidité d'une traînée de poudre, il fut aussitôt entouré, assailli par tous ces jeunes hommes avides d'une pression de cette main qui avait écrit de si belles choses, jaloux de voir ce noble front qui les avait pensées. Il n'y a point jusqu'aux femmes qui ne se soient associées à cette sainte ovation, qui n'aient, elles aussi, témoigné de leur admiration pour ce génie simple, facile et bon pour tous.

M. Bullier, un des plus grands et fervents admirateurs du célèbre chansonnier, a conservé non-seulement la chaise sur laquelle il s'est assis. « Il s'est assis là, grand' mère, Grand' mère, il s'est assis là, » mais encore la table et le verre où, personne, pas même lui, n'a bu depuis.

ALEX. PRIVAT D'ANGLEMONT.

PRIVAT D'ANGLEMONT

(Dessiné par A. LECLERC).

A. PRIVAT D'ANGLEMONT.

Alexandre Privat d'Anglemont, mort dernièrement, ne fut,
certes, pas un grand écrivain, mais il fut un des viveurs, un
des Parisiens les plus acharnés, surtout sur la rive gauche de
la Seine. On a cité beaucoup de plaisanteries à lui attribuées.
En voici une qui fait honneur à la *blague française*, dont il
fut un des plus endiablés partisans :

Un jour, il y a une quinzaine d'années, Privat, échauffé par un
fort repas, entre dans un café du boulevard, où il avait aperçu
quelques amis, entre autres un enseigne de vaisseau qui lui
était absolument inconnu. La conversation s'engage, on parle
des colonies ; après quelques absorptions de liquides échauf-
fants, Privat s'étonne de l'âge plus avancé que le grade de
l'enseigne :

« Comment, lui dit-il, n'êtes-vous pas au moins lieutenant
de vaisseau? »

L'officier de marine explique son peu de chance par un
manque de protecteur. Privat s'offre immédiatement. Le prince
de Joinville est son ami intime, son condisciple ; il ne man-
quera pas, à sa recommandation, de réparer les injustices du
sort envers le brave marin. L'officier accepte la protection avec
reconnaissance. Privat s'empresse d'écrire séance tenante une
lettre des plus ardentes à son royal camarade, et le lendemain,
l'enseigne, muni de la missive, se présente au palais des Tui-
leries. Après quelques difficultés, on porte la lettre au prince,
qui ne reconnaît ni l'écriture ni le nom. N'importe, le style
est si familier et si sérieux, d'ailleurs c'est un officier de marine qui est le porteur de la lettre. Le prince n'hésite plus, et
donne l'ordre de faire entrer le messager. Il cause avec lui,
l'interroge longuement, reconnaît en lui un homme, un homme
enfin! Bref, il l'invite à revenir, et, de plus en plus enchanté
de lui, le fait, quinze jours après, nommer lieutenant de frégate.

La farce était bonne. Ce qui ne fut pas moins plaisant, c'est

qu'après sa nomination le lieutenant de frégate ne put jamais
pardonner à Privat, à qui il devait son nouveau grade, de l'a-
voir *trompé*, en se donnant comme ami du prince de Joinville
qu'il ne connaissait même pas.

ASNIÈRES ET LES CANOTIERS

Les régates ou courses d'embarcations sont des exercices
que partout l'on cherche à populariser. L'attrait que ces luttes
présentent au public comme spectacle, l'utilité qu'elles offrent
au point de vue du progrès des constructions, justifient la faveur qui a accueilli la création de ces fêtes nautiques et l'em-
pressement avec lequel l'administration supérieure et les au-
torités municipales se sont associées aux efforts des sociétés de
régates pour leur donner tout l'éclat désirable. C'est à ce double concours que les régates du Havre doivent leur renommée;
c'est sous cette influence que se sont formées (pour ne parler
que des villes principales) à Rouen, à Nantes, Bordeaux, Dun-
kerque, Boulogne-sur-Mer, Dieppe, Honfleur, Trouville, Caen,
Cherbourg, Granville, Saint-Malo, Morlaix, Brest, Paimpol,
Pornic, Royan, La Teste, Bayonne, Lyon, Châlons-sur-Saône,
Châlons-sur-Marne, Reims, Quillebeuf, Elbeuf, Meulan, Poissy,
Corbeil, Melun, Tours, Angers, Poitiers, des régates qui tendent à devenir chaque jour plus importantes.

A Paris, ce goût pour les exercices nautiques n'est point à
créer; il existe depuis trente ans avec une vitalité dont il n'est
point d'exemple ailleurs. Né et développé par l'effet seul de
l'émulation individuelle, sans protection, sans patronage, il a

LE CANOTIERS D'ASNIÈRES

pris aujourd'hui un tel accroissement, — c'est le *Canotage en France* qui nous l'apprend, — qu'il réunit maintenant environ *deux mille canots, dix mille canotiers*, et alimente *trente chantiers de construction*, d'où sortent des embarcations aussi remarquables par la marche que par l'élégance.

Cette émulation est si grande, que, ne pouvant la satisfaire dans les régates de Paris et des environs, nos amateurs vont, depuis treize ans, dans les villes du littoral et de l'intérieur, que nous avons nommées plus haut, pour y chercher des succès que leurs concurrents viennent trop rarement disputer à Paris.

Aussi, peut-on le dire sans crainte d'exagération, si l'on devait juger des progrès de ce goût, disons mieux, de cette passion, par le développement qu'ont pris les régates dans les villes où elles existent, Paris revendiquerait la première place. Paris, à lui seul, arme chaque année plus d'embarcations de course que tous les ports ensemble.

Aussi, dès que le ciel est bleu, la nappe des eaux verte, aussitôt que les rives abandonnent aux caresses du flot les oseraies feuillues et les longues herbes leur parure printanière, on voit l'essaim des canotiers s'élancer sur leurs rapides bateaux, se défier et voler gaiement à la surface de l'eau comme une troupe de martinets joyeux. Charmant passe-temps! récréation utile, qui doit aider au développement de la vigueur physique et familiariser des têtes promptes avec le sang-froid et la patience. Pour nous, nous sommes si profondément pénétrés des avantages précieux du canotage, que nous n'hésitons pas à le placer au premier rang parmi les exercices gymnastiques. Sa haute utilité est pour nous un motif de l'encourager et de le populariser. Ce n'est donc pas un objet frivole que nous nous proposons quand nous appelons l'attention sur des luttes qui intéressent au plus haut point l'éducation physique de la jeunesse.

Il est un préjugé qu'il est bon de combattre. A Paris, de même qu'en province, quand on parle de canotage, le monde se figure aussitôt qu'il s'agit de cette bohème désœuvrée qui s'en va dans quelque chalet de Chatou passer l'été en vareuse, au bord de l'eau, en compagnie de lorettes et de madeleines au vert; rien n'est plus faux. Ces bohèmes-là, ces oisifs champêtres, ne sont pas des Sociétés de régates, sociétés sérieuses, prenant au sérieux leur mission, comme la Société d'encouragement pour l'amélioration de la race chevaline prend au sérieux la sienne. Le canotage est non-seulement une gymnastique salutaire, hygiénique, qui développe les forces, donne la santé, c'est aussi une gymnastique morale pleine de charme.

Vous me comprendrez, vous qui avez le don charmant d'aimer les champs; vous qui souvent, dans les lieux les plus fréquentés des villes, dans les endroits les plus fermés au souvenir des choses naturelles, au sein d'une assemblée politique, par exemple, ou dans un de ces grands bals tristes à force de lumières et de luxe, vous vous prenez à songer tout à coup aux arbres, aux rivières, aux forêts, à tous ces objets attendrissants et solennels que nous oublions si souvent, mais que notre oubli n'anéantit pas. La nature est pour notre âme comme les pensées éternelles, son aspect ouvre un sépulcre à toutes les vanités; celui qui l'aime, qui sait la contempler, sent le calme, ou au moins le silence, se faire parmi les passions de son cœur.

Les flots surtout ont une grande influence sur la vie de ceux qui aiment leur voix: Tantôt c'est la rivière changeante qui vous charme à ses heures mélancoliques et à ses heures souriantes; tantôt c'est l'Océan, qui, même dans le calme, est sérieux et austère comme le travail; tantôt c'est la mer païenne des pays du soleil, la poétique Méditerranée, que le Maure de Venise comparait aux grâces perfides de la femme. Ceux-là qui vivent sur les rivages enchantés des fleuves ou sur les grèves sévères de la mer y puisent je ne sais quels sentiments poétiques, tantôt simples et souriants, tantôt touchants comme la voix des flots; ils y puisent surtout cette mélancolique dignité que l'âme de l'homme prend naturellement sur les barques au souffle du vent.

Asnières est le rendez-vous ordinaire des canotiers; mais, entendons-nous, des canotiers bohèmes.

Asnières est charmant, la campagne y est fort belle, le paysage des plus pittoresques. Tout le long de la rivière, c'est une ceinture de villas en miniature, de cottages en abrégé, se ressemblant presque tous : une petite maison, moitié maison, moitié chalet; devant la maison une petite cour, moitié cour, moitié jardin, séparée de la route par une petite grille, ornée de quelques fleurs et d'un bouquet de verdure, un cytise, un sorbier des oiseaux faisant étinceler ses grappes de baies rouges, un églantier dont les rameaux capricieux couvrent le mur de roses fraîches et sauvages. La maison a un étage et trois pièces en tout.

Une foule d'artistes, de gens d'esprit, de marins de Paris, habitent ces maisonnettes et vivent à Asnières pendant quelques mois dans des costumes d'un laisser-aller qui ferait émeute à Paris. Ceux qui habitent le bord de l'eau sortent de chez eux en caleçon de bain et en peignoir, traversent la route et descendent ainsi dans leur canot pour aller se baigner au large. Quand on ne se baigne pas, le pantalon de coutil, la chemise de flanelle rouge ou à carreaux, le chapeau de paille ou la casquette de flanelle rouge et la veste de laine rouge constituent le costume de rigueur.

Ce costume varie par les couleurs. Chaque équipe a sa couleur, comme les clans : les unes sont rouges, les autres bleues; celle-ci porte la chemise à larges raies transversales, celle-là la chemise à carreaux de toile à matelas.

Le langage de ces messieurs est tout aussi marin que leur costume. Ils ne disent plus la droite, la gauche, mais *tribord* et *bâbord*; ils ne disent plus il va pleuvoir, mais *voi à un grain*. On n'entend plus que les mots *larguer la voile, prendre un ris, filer six nœuds*, appliqués à la conversation usuelle; le chef s'appelle *capitaine* ou *patron*, les hommes de l'équipage *garçons*.

Ce qui est plus plaisant dans tout cela, c'est qu'au milieu de tous ces marins si bien dans leur rôle, vrais loups de mer, vi-

vent de jeunes femmes, qui n'ont de maritime que leur qualité
de sirènes, et qui portent des crinolines d'une ampleur sans
égale et des étalages de robes jurant beaucoup avec le déshabillé
commode des hommes.

Pour tout dire, ces dames ne gagnent pas beaucoup aux fêtes
diurnes de la villégiature. Il y a de leur part une certaine hardiesse
à se montrer au grand jour, à l'éclat du soleil, en toilette,
sans artifice et sans fard; elles ne se tirent pas toutes à
leur honneur de cette épreuve difficile.

Asnières est toujours en fête, et presque chaque jour les
villas pittoresques qui bordent la rue se pavoisent comme des
navires; la rivière se couvre d'embarcations de toutes les espèces;
c'est un mouvement, une animation, un fouillis de couleurs
charmants.

Puis, le soir, on dépouille la vareuse, et l'on se rend au
Château d'Asnières, dont les fêtes splendides sont habilement
organisées par M. Daudé, l'intelligent administrateur du *Casino
d'hiver* de la rue Cadet.

Enrichi, depuis l'an dernier, de nouvelles plantations, de
massifs précieux, d'établissements admirablement appropriés
au site, le Château d'Asnières est et sera toujours le domaine
du monde élégant. Pendant toute la saison, les bals ont continué
au milieu des fleurs, sous d'épais feuillages doucement
illuminés, et le public n'y a jamais fait défaut, car, après les
brûlantes journées d'été, rien de plus délicieux que ces soirées
et ces nuits fraîchement passées à la belle étoile, en écoutant
les mélodieux accords de l'excellent orchestre dirigé par Marx,
et en contemplant les gracieuses évolutions du bal, où s'agite
un essaim de femmes légères et charmantes.

Cependant le Château d'Asnières, comme tous ses confrères,
a un défaut, oh! un grand défaut!... c'est d'exiger de tout
entrant le dépôt de sa canne au vestiaire. Une canne est une
amie donnée par la nature, et vendue souvent très-cher par
Verdier ou Boissier, qu'on n'aime pas à abandonner aux soins
du premier venu. On s'ennuie sans elle, elle doit s'ennuyer

sans vous, au bureau, au milieu d'une forêt de sœurs qui lui sont inconnues.

On comprend que l'entrée de la Bourse leur soit interdite. Un haussier, frappé par la baisse, pourrait être tenté de riposter avec sa canne. Il s'ensuivrait des mêlées regrettables, où le trois pour cent lui-même pourrait bien laisser quelque chose de sa dignité.

Mais pourquoi un honnête jonc, qui aime à badiner après l'heure des affaires, ne peut-il obtenir de passer la soirée dans un de ces riants séjours chers à l'Amour : le Château d'Asnières, Mabille, le Château des Fleurs?

A cette question la garde qui veille aux barrières de Mabille et saisit les cannes récalcitrantes au collet a répondu un soir de la façon suivante à notre confrère Nemo :

« — Parmi les dames, émules de mademoiselle Rigolette, qui dansent en folâtrant, ou folâtrent en dansant, quelques-unes sont sous la conduite de tuteurs jaloux, qui seraient capables de leur donner, devant tout le monde, de la férule sur les épaules. Ce système peut avoir du bon dans le silence du cabinet, mais il attristerait cet asile. Dans l'intérêt commun, on s'est décidé à vexer chacun, en le désarmant. »

A une pareille raison il faut rendre, en effet, les armes, à moins qu'on ne jouisse d'une infirmité qui vous mette au-dessus des lois. Au Château d'Asnières, comme à Mabille, les boiteux sont rois : ils gardent seuls leur sceptre.

E. GLORIEUX.

LE CASINO

Un établissement qui a commencé par le succès et dont le succès grandira encore. Je ne recommande pas toutefois aux mères d'y conduire leurs filles, aux fiancés d'y mener leurs fiancées. Le but du fondateur du *Casino*, un très-galant homme s'il en fut, auquel toute la presse a rendu justice, n'a pas été, — ou je me tromperais fort, — celui de M. Comte, il n'a jamais voulu instruire en amusant. Non que le moraliste n'y puisse faire de bonnes et profitables études, — les moralistes doivent tirer parti de tout, — mais la salle de danse et de concerts de la rue Cadet n'a pas été construite en vue de ceux qui se mêlent de philosopher sur la vanité des plaisirs mondains. Cependant j'y ai vu des moralistes qui y venaient comme tout le monde et comme tout le monde paraissaient s'y amuser. Je suis d'autant plus fondé à le croire, que je les ai rencontrés là, — où personne ne les forçait d'aller, moins encore de revenir, — et plus d'une fois.

Pour parler net, le Casino est donc simplement un lieu de plaisir et de récréation. J'ai dit tout à l'heure qu'il n'était destiné ni aux mères de famille ni aux jeunes pensionnaires, cela n'est pas absolument exact. Le Casino donnant alternativement des bals et des concerts, rien n'a empêché jusqu'ici d'honnêtes familles de venir dans une salle décorée avec luxe, et pour un modeste prix d'entrée, entendre un bon orchestre habilement dirigé, et qui, désireux de satisfaire tous les goûts, joue tour à tour Rossini ou M. Clapisson, l'andante de la symphonie en *la* de Beethoven, une polka de M. Marx, une ouverture de Weber et un quadrille de M. Pilodo. — Les difficiles, il est vrai, — sur-

tout ceux qui tiennent à paraître difficiles, — font semblant de
s'indigner contre ce mélange de musique vulgaire et banale et
d'art élevé, qu'ils appellent une profanation. Il faut les laisser
dire. Pour qu'une entreprise du genre de celle du Casino puisse
prospérer, il faut qu'elle rapporte de raisonnables bénéfices à
son entrepreneur. Or, si patriotes que nous puissions être, la
vérité nous force à reconnaître que les Français, en général, et
particulièrement les Parisiens, n'ont pas un goût bien raffiné
en musique. D'honnêtes bourgeois, à prétentions littéraires
et artistiques, affectent depuis plusieurs années d'adorer
les quatuor de Beethoven, tandis qu'ils fredonnent en secret
l'air des *Fraises*. A ces braves gens plus gourmands que gour-
mets de musique, il faut verser à flots contenus l'harmonie
grandiose, les mélodies inspirées mais savantes des maîtres. Un
jour viendra où ils sauront admirer, aimer et comprendre les
œuvres véritablement belles ; ce jour-là, les polkas, les mazur-
kas, les varsovianas et les quadrilles disparaîtront peu à peu
du programme du Casino. « Paris, dit un vieux dicton populaire et expressif, n'a pas été bâti en un jour. »

En attendant, n'est-ce pas une chose vraiment utile qu'un
concert à bon marché, offrant, trois fois par semaine, une honnête et intelligente récréation à tant de gens qui, leurs affaires
faites, leur besogne quotidienne accomplie, viennent s'asseoir
en face d'un orchestre bien composé, en compagnie de leur
femme, de leur mère ou de leurs filles. Les lieux de distraction sont rares pour les honnêtes femmes dans cette grande
ville où il n'est pas vrai que l'on trouve tout et de tout. Une
soirée de concert ne vaut-elle pas mieux pour elles que la né-
cessité d'aller faire la queue à la porte d'un théâtre pour entendre
une ineptie dramatique et machinée ou un vaudeville ordurier ?

Mais mademoiselle Rigolboche, dira-t-on, va au concert
comme au bal. Assurément, — mais plus souvent à l'un qu'à
l'autre. D'ailleurs, elle et ses pareilles vont partout. Il n'y a
qu'une manière de ne les point rencontrer, c'est de rester chez
soi, de ne se promener ni sur les boulevards, ni aux Champs-Élysées, ni au Bois. D'un autre côté, ces aimables personnes, qu'on

appelle des biches, peut-être à cause d'une énergique expression populaire qui désigne certains mâles de l'espèce sous le nom de daims, n'ont pas au concert la même attitude qu'au bal. Au concert, elles se comportent plus décemment que sur l'asphalte. En outre, les spectateurs qui viennent pour entendre la musique peuvent à volonté s'exposer à leur contact ou s'en garer. Les dispositions commodes de la salle de concert et du foyer permettent véritablement la promenade. Or ces dames aiment mieux se promener que d'entendre la plus belle musique du monde.

Les deux salles, décorées par M. Duval, ont un aspect pittoresque et riche, presque pompeux. Ajoutez-y une illumination brillante qui fait étinceler les dorures, reluire les imitations de marbre, et, je le répète, une circulation commode, facile, grand avantage pour les curieux, alors que la foule est empressée et compacte; un service bien fait par des garçons polis, mérite qui devient rare à cette heure, et vous comprendrez sans peine la vogue dont le Casino a joui dès que ses portes ont été ouvertes. De ces commodités et de ces agréments divers, il faut louer la direction, qui s'est montrée fort intelligente et fort habile, dont on sent la main partout sans la voir jamais.

Il me faudrait maintenant parler des bals et de mademoiselle Rigolboche. Je laisse cette tâche aux journaux belges, qui ont pris mademoiselle Rigolboche sous leur protection et lui ont fait un succès. C'est l'étoile du Casino, pour employer la langue de nos voisins d'outre-Manche, mais ce n'est pas une étoile fixe, peut-être n'est-ce qu'un astre de passage dont les rayons seront éclipsés à la saison d'hiver par ceux d'Alix la Provençale, ainsi nommée parce qu'elle est Languedocienne.

THÉODORE PELLOQUET.

SALON DE CONVERSATION DU CASINO

LE CHATEAU DE LA CANNE

Gardez-vous bien, si vous êtes né timide, ô lecteur très-précieux! de vous laisser éblouir par ce nom pompeux et seigneurial de *château*. Ce n'est là qu'un titre de fantaisie, ironiquement inventé par quelques Gaulois francs railleurs, titre qui ne rappelle aucune autre féodalité que celle de l'esprit, titre usurpé, si vous voulez, mais que les rigueurs d'une loi récente ne menacent en aucune façon.

Ma franchise naturelle m'oblige à confesser que ce *château*, ainsi baptisé dans nos rêves des Mille et une Nuits, n'est en réalité qu'une modeste et fort exiguë maisonnette, *sise* au milieu des champs, et qui n'a, j'en conviens, ni *lambris dorés*, ni *portiques inondés par la foule*, ni *festons*, ni *astragales*, rien, mais rien du tout des magnificences dont se compose la décoration *classico-poncive* ou *poncivo-classique*.

Le *château de la Canne*, s'il faut vous le dire sans périphrases, est un cabaret *extrà muros*, un cabaret chéri des muses, et qui est la véritable *Pomme de Pin* de ce temps-ci : les incorrigibles bohèmes qui furent pour nos pères et dont quelques-uns sont encore pour nous les maîtres de la prose et du rhythme, s'ils revenaient en ce monde, — ce que je ne leur souhaite guère, — aimeraient à s'y rencontrer et à y célébrer la gaieté française au chant des verres sonores, au choc des chansons amoureuses.

Au Rendez-vous des Artistes, telle est l'engageante enseigne de ce mystérieux et charmant bouchon, dont s'enorgueillit le numéro 51 de la rue du Poteau, à Montmartre l'accidenté, juste à côté de Saint-Ouen qui l'envie.

LE CHATEAU DE LA CASSE

O le plaisant, le philosophique, le malicieux, le brillant et bruyant cabaret! et comme nous y rîmes maintes fois à belles gorgées, et de quelles franches lippées, assaisonnées de joie franche, nous nous régalâmes en cet aimable réduit!

Si cet asile discret, où les vrais pantagruélisants, — et non *aultres*, — trouvent à leurs heures une hospitalité large et cordiale, est humble en ses abords, simple en son architecture et rustique en son ameublement; si l'on n'y voit ni marbres, ni stuc, ni tapis de la Savonnerie, n'allez pas croire que le luxe y manque; il y règne au contraire par la plus haute et la plus admirable de ses manifestations: les arts l'ont embelli, ennobli, enchanté; c'est, en deux mots, un cabaret *illustré*, — qui deviendra peut-être illustre.

Un excellent sculpteur, qui est en ses loisirs un peintre excellent, et qui a plus que de l'esprit, du talent, plus que du talent, du cœur, a mis son cœur, son talent et son esprit dans les compositions qui enrichissent les murs de ce temple bachique.

A l'extérieur de ce monument champêtre, cher aux Muses et aux Grâces, Bacchus lui-même porte joyeusement et triomphalement une santé qui sera toujours acceptée par les amis du soleil et de la vigne. C'est le sujet de la jolie vignette qui complète cette monographie. Dans le voisinage de Bacchus, les provinces de Beauce, symbolisées par de séduisantes femmes plus Parisiennes que provinciales, dansent librement une ronde à laquelle le passant alléché regrette de ne pas prendre part. Cette peinture noire est d'une *humour* et d'un charme pénétrants.

A l'intérieur, quatre-vingt-deux personnages dessinés au fusain couvrent vingt-cinq pieds de muraille. C'est un chant détaché du grand poëme de la vie humaine; c'est la vie du peuple, où le tabac de caporal, le vin bleu et les expéditives amours tiennent tant de place et une si bonne place! Des baigneurs vigoureux et des baigneuses peu voilées égayent l'arrière-plan.

Dans la salle des Banquets figurent, en médaillons, les chiens

de cette maison du bon Dieu, où les bêtes sont choyées à l'égal
des hommes; — puis une vue très-exacte du *château;* —
plus loin, une marine; — et enfin, le *Retour de Saint-Ouen,*
grande scène à la fois pleine de fantaisie et de réalité, de
poésie et de mouvement; tous les personnages de la pantomime italienne revivent, en cette fresque hardiment peinte;
Colombine, Arlequin et Pierrot y sont surperbes de désinvolture, de crânerie et d'expression comique.

Cent quatre-vingts pieds de peinture à l'huile et de dessin
au fusain, plus six grotesques taillés dans la pierre, telle est
l'œuvre accomplie en une semaine par notre très-cher ami
Alexandre Leclerc, ce sculpteur-peintre dont l'avenir saura le
nom.

Vous comprenez déjà, n'est-ce pas? que le château de la
Canne n'est pas un cabaret ordinaire, et qu'en cette autre ab-
baye de Thélème se cuisine la plus merveilleuse soupe aux
choux qu'oncques savoura gastronome émérite? Il ne s'agit
plus ici de ces petites soupes grêles, mesquines, pâlottes, fa-
dasses, économiquement servies sur les tables bourgeoises du
Marais: non, la soupe aux choux du château de la Canne est
plantureuse, colorée, riche en épices et en ingrédients de
toutes sortes; il s'en exhale une odeur à réjouir les dieux, à
faire pâmer Monselet et le docteur Véron, et il m'est impossible de vous dénombrer les viandes sèches ou fraîches qui en-
trent dans cette composition truculente. Ce n'est pas une
soupe, c'est tout un dîner, toute une cuisine, toute une dé-
bauche. Quand on la mange, l'ombre de Gargantua, tirant
une langue d'un empan et demi, apparaît sur le seuil de la
salle, et le grand Tragaldabas frémit d'impatience et d'envie
dans le troisième dessous du théâtre de la Porte Saint-Martin.
Ce sont les réalistes qui ont inventé, me dit-on, cette miri-
fique et triomphante soupe aux choux : je veux bien le croire,
mais je connais beaucoup de fantaisistes qui l'ont mangée.

Toute la bohème connue de ces dernières années a passé
par le château de la Canne : le patron de la case, M. d'Ingre-
ville, a vu tour à tour défiler devant lui :

— Gérard de Nerval, l'esprit et la joie de ces fêtes, que son souvenir protége encore ;

— Ce pauvre Privat d'Anglemont, qui, à l'heure même où j'écris ces lignes rapides, achève dans une chambre d'hôpital une existence trop largement, trop prodigalement vécue ;

— Champfleury, le chef de bataillon réaliste ;

— Fernand Desnoyers, un poëte excentrique, fantasque, mais coloré, vigoureux et convaincu ;

— Hector Malot, l'auteur des *Victimes d'amour*, romancier qui vient de prendre date et qui prendra rang ;

— Melvil-Bloncourt, un créole dont les veines, le style et la parole sont pleins de feu ;

— Jules Levallois, un critique nourri de la plus fine moelle de Sainte-Beuve ;

— Buchet de Cublize, un savant aimable, un homme d'esprit érudit, — rare assemblage ;

— Théodore Pelloquet, critique éclairé, intègre et judicieux, dépaysé dans la politique rose du *Messager ;*

— Métra, un musicien spirituel, un compositeur charmant qui cause le plus agréablement du monde de toute autre chose que de ses délicieux quadrilles, — en un mot un phénomène ;

— Alfred Delvau, l'un des cinq ou six écrivains qui possèdent l'esprit fin, sarcastique, spontané, brillant et à jet continu dont se peuvent passer les grands journaux, mais qui est indispensable aux petits ;

— Alexandre Leclerc, le Michel-Ange du château de la Canne ;

— Adrien Tournachon, — qui s'appela Nadar, — un peintre habile devenu photographe, joyeux et solide compagnon, bon rire aux lèvres, cœur sur la main ;

— Castagnary, critique d'art d'un très-grand, mais très-grand talent, encore inconnu, mais qui, armé de science et de patience, fera sa trouée, je vous en réponds ;

Et enfin, pour terminer, l'auteur de cette imparfaite esquisse,   ALPHONSE DUCHESNE.

SALON EN RACCOURCI

EXPOSITION DE 1859

Je l'avais rencontré quelquefois dans la galerie du Louvre, et ses allures bizarres m'avaient frappé.

Contrairement à la foule des visiteurs, il ne se promenait jamais. Dès qu'il avait gravi l'escalier, il allait droit à la toile qu'il avait décidé de voir, traversait les salles sans lever les yeux ; une fois devant elle, il s'arrangeait pour l'examiner. S'il trouvait un banc, il s'asseyait, sinon se tenait debout. Quelquefois il restait des heures entières immobile, l'œil fixe et dilaté, paraissant vouloir fasciner l'œuvre du maître et l'attirer tout entière dans son cerveau par la fenêtre de sa prunelle. D'autres fois il était tout inquiétude, tout agitation ; il allait et venait d'un bout du tableau à l'autre, se rapprochait, posait son doigt sur la toile et le promenait lentement, comme pour surprendre avec le tact les secrets de la couleur, s'arrêtait à des détails imperceptibles, hochait gravement la tête aux craquelures, puis tout à coup se reculait, amenait sa main en forme d'abat-jour à la hauteur du sourcil, et regardait d'ensemble. Tous ses mouvements trahissaient une vivacité singulière et une roideur automatique : on les eût dit commandés par un ressort intérieur. Sa gesticulation était brève, saccadée ; il roulait les yeux, sautillait sur ses jambes maigres, avait des tressauts subits, et scandait les trémoussements de son corps frêle d'interjections inattendues, dont le son guttural et criard arrêtait les passants ou faisait lever la tête aux artistes en train de perpétrer quelque copie. La séance se passait sans qu'il parût s'en apercevoir, et l'heure de partir le trouvait presque toujours dans un état d'attendrissement ou d'exaltation dont il ne semblait pas avoir conscience. Le cri : *On ferme !* seul le faisait

rentrer en lui. A la voix des gardiens, il éprouvait comme
une secousse, s'arrêtait un moment, passait la main sur son
front et se sauvait en courant.

Avant d'avoir vu en chair et en os ce singulier vieillard, j'aurais douté qu'il existât; l'ayant vu et lui ayant parlé, je fus
surpris de trouver que je le connaissais depuis longtemps.
J'avais lu son portrait dans quelque livre dont il était le héros,
et je ne pouvais me rappeler ce livre; mais les traits et la
physionomie de l'homme s'étaient gravés dans mon souvenir
avec les mots mêmes dont l'auteur s'était servi pour les peindre : — « Imaginez un front chauve, bombé, proéminent, re-
tombant en saillie sur un petit nez écrasé, retroussé du bout
comme celui de Rabelais ou de Socrate ; une bouche rieuse et
ridée ; un menton court, fièrement relevé, garni d'une barbe
grise taillée en pointe ; des yeux vert-de-mer, ternis en apparence par l'âge, mais qui, par le contraste du blanc nacré dans
lequel flottait la prunelle, devaient parfois jeter des regards
magnétiques au fort de la colère ou de l'enthousiasme. »

Je ne l'avais pas revu depuis longtemps, quand, un jour du
mois de mai dernier, comme je sortais du Salon, m'échappant
de la foule qui l'envahissait, je me heurtai contre lui. Il se re-
tourna brusquement, me reconnut, et, trouvant à qui parler
(il n'était pas homme à lâcher cette bonne fortune), vint à
moi :

« Ah ! ah ! me dit-il en supprimant les salutations d'usage
et en me jetant son exclamation à la tête, vous venez de visi-
ter le malade ! Eh bien, qu'en pensez-vous, homme évangéli-
que et doux ? Est-il assez bas ? ses fervents l'ont-ils assez trahi,
ses apôtres renié, ses médecins abandonné ? Misère ! on punit
de mort l'homme qui, ouvertement ou par ruse, a tué son
semblable, et le Beau, on le laisse assassiner en plein soleil... »

Son geste était menaçant, sa parole pressée, stridente ; elle
arrivait sur ses lèvres comme un flux. Je l'écoutai, me gardant d'interrompre.

« Oh ! continua-t-il, sans s'inquiéter d'une transition, ceux qui disent que nous ne le cédons à personne en philosophie, en littérature et en art, et que nous sommes le premier peuple du monde en toutes choses, ont bien raison. En doutez-vous, vous, jeune homme? Ouvrez ce livre que vous tenez à la main, et vous en verrez la preuve écrite à chaque page. Admirez cette longue suite d'hommes de génie, catalogués par *a* et par *b*, ni plus ni moins que le Dictionnaire Vapereau. Quelle nation en pourrait fournir une liste aussi longue? Comptez : 1,284 peintres, 226 sculpteurs, 103 graveurs, 54 architectes, 42 lithographes, rien qu'à l'Exposition, et sans parler des hommes de génie qui, par indifférence ou mépris, n'envoient rien dans les concours; ni des hommes de génie qui envoient systématiquement et systématiquement sont refusés; ni des hommes de génie qui se préparent tout à la fois aux envois et aux refus! — Comptez encore : 5,887 chefs-d'œuvre enfantés en France en moins de deux ans, sans parler des nombreux chefs-d'œuvre exécutés dans les monuments publics en vue de la postérité, ni des chefs-d'œuvre plus nombreux encore livrés au commerce en vue des pièces de cent sous! — En tout : 1,709 exposants, 5,887 œuvres exposées! Qui mettra des bornes à la fécondité artistique de la France?

« Pitié! pitié! Dans tout cela, ni un génie ni un chef-d'œuvre!... Nous avions rêvé un Salon, le jury nous a donné une foire. Moi, monsieur, au lieu d'entasser par milliers les toiles, les marbres et les plâtres dans cette baraque de vitre et de fer qu'on nomme si bien le Palais de l'Industrie, j'aurais tout refusé. Pourquoi un Salon tous les ans ou tous les deux ans? On fait un Salon quand on a des œuvres; autrement on n'en fait pas. J'aurais dit aux artistes : « Messieurs, vous avez infini-
« ment de talent, c'est vrai; mais assez de produits d'industrie
« comme cela : c'est de l'art qu'on vous demande. Combien
« voulez-vous de temps pour en faire? dix ans? vingt ans? ne
« vous gênez pas. Les sources de l'invention sont taries, le se-
« cret de la composition est perdu, il vous faut bien cela pour
« raviver les unes et retrouver l'autre : allez et travaillez.
« D'ici à l'époque fixée, défense est faite à tout ouvrier de la

« brosse ou du ciseau d'exposer quoi que ce soit, où que ce soit,
« sous peine d'expulsion du territoire. Le Salon prochain s'ouvrira
« le 15 mai 1879. On n'y admettra que vingt toiles, trois sta-
« tues, deux bustes, et une gravure; et si les vingt-six chefs-
« d'œuvre ne se trouvent pas, tous les envois seront brûlés en
« place publique, leurs cendres seront envoyées en Sologne
« pour y servir d'engrais, et la succession des Beaux-Arts sera
« déclarée vacante. »

« Je viens de le voir, le Salon fait par le jury. Il est répulsif
à l'examen. On ne peut que le parcourir à grands pas, le feuilleter comme on fait d'un livre ennuyeux, en sautant des salles
entières comme des passages vides. Ayez donc un jury! instal-
lez-le donc à la porte de votre Exposition comme un crible,
avec mission de ne laisser passer que le sable pur et de reje-
ter le gravier sur le chemin! Le crible ne crible pas, le crible
laisse passer gravier et sable, le crible est défoncé!...

« Il a laissé passer toute la peinture d'histoire : gravier! —
toute la peinture religieuse, toute la peinture de batailles :
gravier! gravier!

« La peinture d'histoire n'est plus dans nos mœurs ni dans
nos capacités. Le mouvement social qui l'avait engendrée est
épuisé; ce n'est plus aujourd'hui qu'un effet sans cause. Aussi
le dernier des grands peintres, Delacroix, tourne au tableau de
genre; il y arrive en vertu de la même loi d'évolution qui a
conduit George Sand à la *Mare au Diable*, Meyerbeer au
Pardon de Ploërmel. Qui remettra cette peinture en honneur? Est-ce Mazerolles? est-ce Foulongne? est-ce Léon
Bailly? Certes, il y a des qualités dans *Néron et Locuste es-
sayant des poisons sur un esclave*, dans les *Victimes d'ex-
piation immolées par les Druides*, dans le *Supplice d'Étienne
Dolet*. Mais Néron fait une exhibition de muscles, développe
une puissance d'anatomie qui est hors de proportion avec le
sujet; mais la toile de Foulongne atteste une habileté plus pré-
coce que consciente; mais la puissance dramatique de Léon
Bailly est plus dans la nature même du sujet qu'il a choisi que
dans l'exécution, qui manque de vigueur. Ni les uns ni les autres

SUPPLICE D'ÉTIENNE DOLET. (Tableau de Léon Bailly, exposé au Salon de 1859).

ne sont convaincus, d'ailleurs, et demain vous les verrez déserter la grande peinture pour la moyenne, et peut-être pour la petite.

« La peinture religieuse a perdu sa raison d'être et sa sanction. Les rapports qui rattachaient l'homme à Dieu ont été violemment brisés. La foi religieuse s'est évaporée sous le soleil de la raison, comme un vase d'eau sur une fenêtre. Notre cœur est vide aujourd'hui et desséché; nulle rosée céleste ne viendra le remplir; la pluie mystique ne tombe plus des cieux. L'homme sait maintenant qu'il a été l'inventeur de ses religions et le fabricateur de ses divinités. Il les a tirées de son cerveau comme il en a tiré sa philosophie, sa science, sa littérature, ses arts. Du haut de cette conviction, il n'envisage plus l'épopée religieuse que comme sa propre légende. L'hymne d'extase et d'adoration, il le détourne du ciel, en reporte l'hommage vers lui-même, et adore en sa propre personne l'homme, créateur des dieux, avec plus de certitude qu'autrefois il adorait les dieux créateurs de l'homme.

« La peinture des batailles est contraire aux données élevées de l'esthétique, attentatoire à la dignité de l'art et de la raison humaine. Beyle en a démontré l'impossibilité dans sa *Chartreuse de Parme*, en décrivant la bataille de Waterloo. Aussi tous ceux qui l'ont essayée y ont échoué, sauf un petit nombre qui ont échappé à la loi générale par des qualités de tempérament à eux propres, Salvator Rosa, Delacroix et quelques autres. Au Salon, cette peinture abonde et dispute le terrain à la peinture religieuse : il y en a des salles et puis des salles! Une seule toile m'a frappé, le *Marabout de Sidi-Ibrahim*, de Devilly. Comme couleur, c'est entendu dans la gamme de Delacroix; comme composition, c'est heureusement trouvé, et, comme mouvement, énergiquement rendu.

« Le paysage atténuera-t-il la sévérité de ma critique? C'est la gloire de l'École française, dit-on. Je le veux bien; mais ne vous semble-t-il pas que la sentimentalité y tient trop de place? Ne vous semble-t-il pas qu'ici comme ailleurs les tendances romantiques ont gâté bien des choses? La sentimentalité est d'or-

dre secondaire dans le monde; elle tend à en dénaturer la
physionomie vraie et à troubler la sereine impassibilité des
choses. L'intelligence, au contraire, est inaltérable, ses produits
s'équivalent et se balancent à tous les points de la durée.

« Le *paysage* de Poussin relevait de l'intelligence pure. C'é-
tait une œuvre de raison et non de sentiment. Il s'imposait à
l'esprit avec l'autorité d'une abstraction. Il s'inspirait de la nature vraie autant et plus que les paysages modernes; mais la
représentation des objets n'était pas le but pour lui, elle n'é-
tait que le moyen de dégager la pensée intime et secrète, la
philosophie du monde visible.

« Le paysage moderne sacrifie tout à la sensation. Est-ce
bien un progrès? Personne ne le pense, et, du consentement
de tous, les plus forts sont encore ceux qui s'éloignent le plus
de l'expression phénoménale et passagère. C'est Th. Rousseau,
dont le panthéisme simple et mâle atteint, dans une prodi-
gieuse multiplicité de détails, l'unité d'impression, et s'élève
ainsi jusqu'à l'impartialité souveraine et l'indifférente bonté de
l'alme nature; c'est Millet, qui apporte dans l'interprétation
de la vie rustique, de ses farouches idylles et de ses impitoya-
bles églogues, l'austère rigidité et la morne grandeur qui en
sont les caractères saisissants. Tous les autres sont entremêlés
plus ou moins de sentimentalité. Daubigny y trempe, Corot s'y
est noyé, Hanoteau y nage. Quant à Français, il ne relève ni
du sentiment ni de la raison : il est neutre et n'est rien.

« *Les bords de la Sèvre*, *Une ferme dans les Landes*,
sont les deux meilleures toiles de Rousseau et de sa bonne
manière. Millet a fait un vrai chef-d'œuvre, *Paysanne gardant
sa vache;* c'est roide, byzantin, mais d'une puissance d'expression et d'une intensité d'idées rares aujourd'hui. Les *Graves
au bord de la mer*, le *Lever de lune*, de Daubigny, attestent
de consciencieux efforts pour se soustraire au paysage humide
et attendri, à l'interprétation sensuelle de la nature. Hanoteau,
Blin, montent visiblement. Le paysage de Hanoteau, *Une matinée sur les bords de la Canne* (Nièvre) est d'un grand effet
et dénote de véritables qualités de peintre. Corot continue ses

mélodies crépusculaires. Troyon est un puissant ouvrier de bœufs et de pâturages.

« Les orientalistes se multiplient : Fromentin, Berchère, Belly, Tournemine, rendent à qui mieux mieux des effets de nature dont la vérification paraît difficile. O orientalistes, mes bons amis ! que me veulent vos déserts de sable, votre simoun, vos caravanes, vos palmiers, l'angle de vos pyramides? La nature que j'aime est celle qui m'a toujours entouré et qui m'est familière. J'ai vécu en elle, elle vit en moi ; nous nous sommes faits l'un l'autre, et nous nous connaissons trop pour que je m'en puisse détacher. O France! un pan de ton ciel, un bout de tes prés bordés d'ormeaux et de frênes, un de tes buissons trempant dans un fossé, un attelage labourant tes plaines, un de tes paysans revenant du travail sa pioche à l'épaule, quelque mince bordure de ta robe de terre, ô ma France! suffit pour dégager beaucoup de poésie, de cette poésie simple et pénétrante qui est la tienne, et qui est la vraie.

« Et maintenant les portraits. Le jury les a laissés entrer par centaines. Je ne lui en demandais qu'un, mais de ceux qui résument, synthétisent une individualité et contiennent en un seul masque tous les masques du même homme. Je l'ai cherché, je ne l'ai pas trouvé. On m'a signalé les portraits de Flandrin, surtout celui de la *Jeune fille*. Assurément ce n'est pas mal, mais c'est sec et maigre ; la vie n'est pas là dedans ; et puis le procédé d'interprétation est radicalement faux : ce n'est que de l'exégèse.

« Avec le genre, nous tombons dans la confusion ; ici, personne ne s'entend plus. Les uns s'inspirent de la réalité, les autres cherchent l'idéal. Mais la réalité de quoi? l'idéal de qui? nul ne le sait. Heureusement le plus grand nombre ne cherche rien ; il ne réussit pas plus, mais il se donne moins de mal. O invasion de la médiocrité! Éliminons, éliminons! Que reste-t-il ? plus rien! Si pourtant, un lavis de Knauss, charmant d'esprit et de grâce, la *Cinquantaine ;* le *Lundi* de Breton, peinture de première qualité ; le *Christ descendu au tombeau* de

Eugène Delacroix, œuvre pleine de véhémence, de grâce infinie et douloureuse.

« Et Benouville, qu'en faites-vous? sa *Jeanne d'Arc* me fait éternuer; — et Hébert? qu'il étudie sa *Mal'aria*; — et Baudry? sa *Madeleine* tient un rayon Chaussée-d'Antin; — et Diaz? il est tombé dans le plâtre; — Et Henriette Brown? pas méchante; — et Gérome? un homme bien informé; et Penguilly? et Comte? et Caraud? et Hamon? et Stévens? et les autres? ils font des ronds dans le puits de l'Art.

« La sculpture essaye de se persuader qu'elle existe encore. De jeunes talents semblent surgir; mais l'indécision a marqué leur esprit. Le principe de leur composition échappe ainsi que ses tendances. Mettre au point de la nature, habiller convenablement, ils paraissent borner là leur ambition. Michel-Ange, Goujon, David, est-ce là ce que vous avez cherché? et est-ce avec si peu de moyens et d'efforts que vous avez inscrit dans le bronze et le marbre votre puissante originalité? La *Fileuse* de Moreau a de la grâce; le *Taureau* de Clésinger de la vigueur et de la puissance; la *Geneviève* de Maindron est une idylle pour le charme; le *Charpentier de Saurdam* de Lebœuf une aspiration sérieuse; la *Nymphe à la fontaine* de Blanc une œuvre pleine de jeune coquetterie; l'*Andromède* de Franceschi une grande tentative heureusement menée à fin.

« En somme, et partout, de petites qualités, de petits défauts, rien de ce qui fait les grandes œuvres et illustre les hommes. »

Il fit une pause. J'allais répondre, quand lui tout à coup:

« Que manque-t-il donc à l'art de notre temps? Depuis soixante ans nous avons fait vingt révolutions, et toutes ont amené des résultats. Nous avons changé les bases de notre droit public, et soudain nous avons eu les plus grands administrateurs, les plus grands économistes, les plus grands hommes de guerre, les plus grands orateurs. Nous avons renouvelé la méthode, et nous avons eu les plus grands philosophes, les plus grands savants. Nous avons modifié nos poétiques et brisé

UNE MATINÉE SUR LES BORDS DE LA ...

Tableau d'Hector Hanoteau, exposé au Salon de 18.., dessin par H...

nos cadres littéraires, et nous avons eu les plus grands poëtes, les plus grands prosateurs.

« Nous n'avons rien changé à nos conceptions esthétiques, et l'art n'a pas bougé. Nous avons encore en cette matière tous les préjugés de nos pères. Nous faisons de la peinture religieuse, et il n'y a plus de foi ; de la peinture historique, et l'histoire cède le pas à l'économie. Nous continuons d'appeler petite peinture et de considérer comme telle le paysage, le portrait, le tableau de genre. Nous en faisons beaucoup, parce que cela se vend, mais nous l'avons en médiocre honneur, et au fond l'estimons frivole. Nous ne voulons pas voir que tout l'art est là dedans désormais ; que, les dieux étant partis et les héros disparus, il ne reste plus que trois choses : la nature, l'homme, la vie humaine : — la nature, qui donne le paysage ; — l'homme, qui donne le portrait ; — la vie humaine, qui donne le tableau de genre. Hors de là il n'y a rien.

« Refaites la conscience de l'artiste ; donnez-lui la certitude que dans le paysage et dans les scènes de la vie il trouvera plus que ce que la grande peinture lui a jamais donné ; dirigez vers ce point de vue nouveau les activités de son esprit ; dites-lui bien que l'humanité contient toutes les grandeurs et toutes les poésies ; qu'il s'agit d'exprimer l'humanité, et, en exprimant l'humanité, de faire, de créer des hommes ; en un mot, mettez l'art de votre temps au niveau de votre philosophie, et vous le verrez bientôt commencer une seconde étape, plus glorieuse encore et mieux remplie que la première. »

Il s'arrêta, s'essuya le front et me regarda pour voir l'impression qu'il avait produite sur moi.

« J'ai cinq cents arguments à vous opposer, lui dis-je enfin ; mais vous allez, vous allez !... Quel diable d'homme êtes-vous donc ?

— Qui je suis ? me dit-il en arrêtant ses yeux sur les miens et en souriant légèrement. Avez-vous lu Balzac, le chef-d'œuvre inconnu ?

— Quoi ! c'est vous, maître...

— Maître Frenhofer, pour vous servir. »
Et, me saluant du chapeau, il partit en courant.

CASTAGNARY.

HISTOIRE DE LA PRESSE PARISIENNE

Commençons par un peu de statistique; oh! la chose n'a rien d'effrayant, et vous allez voir combien le mot a d'éloquence sous son enveloppe sèche et rude.

En moyenne, il se publie à Paris 580 journaux; chaque année en voit naître et mourir une certaine quantité, et, sans remonter bien haut, nous pouvons constater que:

L'année 1855 a enregistré la naissance de 156 journaux;
    — 1856   —   —   155   —
    — 1857   —   —   167   —
    — 1858   —   —   152   —

Et les six premiers mois de l'année 1859 ont vu naître 70 journaux.

— Des deux derniers siècles il n'existe aujourd'hui que :
Le *Journal général d'affiches* (1612);
La *Gazette de France* (1631);
Le *Journal des Savants* (1665);
Le *Journal des Débats* (août 1789);
Et le *Moniteur universel* (novembre 1789).

— Des 580 journaux qui paraissent à Paris, il y en a 43 environ qui s'occupent de politique et d'économie sociale, et qui — par cela même soumis au cautionnement — ont en dépôt au Trésor une somme de 1,687,500 fr.; les 457 autres

journaux ont droit à tout le reste : sciences, littérature,
beaux-arts, industrie, etc., etc.

Un abonnement annuel à tous les journaux de Paris coûte-
rait, pour Paris : 9,688 fr. 25 c.; et pour les départements :
10,265 fr.

Si nous prenons les journaux politiques par ordre alphabé-
tique, nous trouvons que l'*Ami de la religion* est le premier
et l'*Univers religieux* le dernier, et que la *Presse*, le *Consti-
tutionnel*, le *Siècle*, les *Débats*, la *Gazette de France*, etc.,
ont parfaitement l'air d'être les grains, diversement coloriés,
d'un gigantesque chapelet destiné à relier les doctrines galli-
canes aux doctrines ultramontaines.

Mais laissons là l'ultramontisme et le gallicanisme, oublions
un instant ces doctrines d'un intérêt si secondaire en face de
la revue des journaux de l'année, et... puisque nous voulons
parler de Dozainville, parlons de Dozainville.

Aujourd'hui il est fort difficile de créer un journal politique,
c'est toute une affaire. Il faut pour cela obtenir d'abord une
autorisation du gouvernement; or le gouvernement, qui croit
que 45 journaux politiques suffisent amplement pour éclairer
les administrés sur les actes de l'administration, — refuse ordinairement cette autorisation, puis..., mais cette raison-là
me semble assez concluante pour que je n'aie pas à citer les
autres. D'où il suit que les 70 journaux dont j'ai à vous parler
sont exclusivement littéraires, scientifiques et industriels.

Littéraires d'abord..., c'est un point sur lequel ils sont in-
traitables; appelez-vous la *cote des suifs*, eh bien, toute *cote
des suifs* que vous êtes, vous vous voyez obligé de déclarer
dans votre sous-titre que, tout en suivant attentivement les va-
riations des suifs, vous ne négligerez pas d'éclairer de vos...
lumières les questions d'art et de littérature qui peuvent surgir
à un moment donné. Il est donc bien entendu que tous les
journaux dont nous allons parler sont — indépendamment de
l'objet de leur mission, — consacrés aux sciences, aux lettres...
et à l'industrie.

Maintenant ne procédons pas par ordre chronologique,

quoique la chronologie soit, de toutes les sciences, celle qui
renferme le plus d'imprévu; groupons, groupons et décou-
vrons-nous devant ce beau titre l'*Harmonie*, moniteur musical
des gardes nationales, de l'armée et des maisons d'éducation...,
et l'harmonie, étant la résultante de l'heureuse disposition
des parties d'un tout, nous amène naturellement au *Bulletin
spécial des décisions des juges de paix*, auquel — et au fond
cela nous est bien égal, — nous souhaitons le même succès
qu'à la *Croix*, feuille consacrée à l'union chrétienne et au développement de la vie dans l'Église.

Ce dernier n'est pas le seul journal religieux de l'année : il
y a encore le *Foyer des familles*, qui fait suite au *Magasin ca-
tholique*; le *Journal des curés*, des villes et des villages; la
Gazette des campagnes, de l'abbé Mullois et de Barnabé Chau-
velot; les *Annales du sacerdoce*, journal de la réparation et
de l'œuvre des missions; le *Monde religieux illustré* et le
Pain quotidien, journal exclusivement religieux ; à la suite
viennent les feuilles dites d'éducation, telles que la *Science
des mères*, issue du *Journal des mères*, « ou de l'éducation
harmonique par l'étude de la nature et l'application des jardins
d'enfants; » le *Moniteur des familles*, revue des intérêts do-
mestiques.

L'agriculture compte aussi de nouveaux organes, en tête
desquels se trouve la *Revue agricole d'Angleterre*, de M. F. de
la Tréhonnais; les *Nouvelles Annales d'agriculture*; les *Ac-
tualités agricoles*, de M. Jacques Valserre ; le *Journal d'agriculture et du commerce*; l'*Abeille*, « journal d'agriculture
pratique, moral, scientifique et amusant, » et l'*Office central*.

Mais l'industrie, l'industrie! et c'est le *Moniteur des chemins de fer*, le dernier *train* du *Moniteur général des
voyageurs*; le *Moniteur des travaux publics*; le *Trésor de la
Maison*, nouveau recueil des connaissances utiles (Eug. Pick,
rue du Pont-de-Lodi, 5); l'*Algérie agricole et commerciale*; le
Journal des notables commerçants; la *France coloniale et
maritime*, politique, et... je ne sais plus quoi; la *Nouveauté*,

journal officiel de la Bourse et des théâtres; le *Moniteur de la sucrerie*; les *Annales de la brasserie*; les *Petites Affiches anglaises*; le *Bulletin de la librairie de province*; le *Courrier de l'amateur*, bulletin bibliographique; le *Moniteur de la presse et de la librairie.* — Commerce ! commerce !... commerce de chevaux, la *France hippique*, journal des haras; la *Daumont*, journal des équipages; commerce de politique internationale, le *Mémorial diplomatique*, de M. Cucheval-Clarigny; commerce de santé, le *Monde thermal*; commerce de théâtre, les *Coulisses*; et enfin, commerce d'émotions, la *Revue des causes sérieuses de la semaine*, et les *Causes célèbres.*

Maintenant passons aux journaux inutiles, c'est-à-dire à ceux qui naissent tout bonnement pour leur bon plaisir et un peu pour le nôtre; nous avons le *Causeur* de M. Louis Jourdan, un homme d'esprit; après le *Causeur*, la *Causerie* de Victor Cochinat, aussi un garçon d'esprit, celui-là; le *Mercure galant* de M. Gourdon de Genouilhac, encore un homme d'......, diable d'épithète, va! et l'*Eldorado* et le *Magasin d'Illustrations* et le *Diable à Paris* de M. Sauveur Galéaz, un des hommes d'État du *Tintamarre*, et le *Salon et la Mansarde*, et le *Journal de la Semaine*, et le *Caucase*, journal de M. Merlieux — non, pardon, de M. Alexandre Dumas, et l'*Écho du Monde* — l'ÉCHO DU MONDE, dont toute reproduction est interdite! — puis la *Gerbe*, la *Revue critique parisienne et départementale*, le *Figaro-Revue* (le *Rasoir de Figaro*), l'anti-Figaro de M. G. Naquet, et enfin la *Revue Contemporaine* des sciences occultes et naturelles, rédigée par des littérateurs, des médecins, des artistes, des médiums et même par de simples croyants ! — N'oublions pas *Paris-Journal*, auquel de forts beaux bois, — et non pas sa littérature, comme il voudrait le faire croire, — ont valu un certain succès.

Dans tout cela, rien d'osé, rien d'original, et, à part trois tentatives sérieuses, la *Gazette des Beaux-Arts* de M. C. Blanc, (laquelle encore vient de se fondre dans l'*Artiste*), le *Quart-d'heure*, « gazette des gens demi-sérieux, » petite revue ré-

digée par des gens peut-être un peu trop sérieux, et la *Revue
Européenne*, revue patronnée officiellement par l'État; oui,
à part ces trois publications, il n'y a rien, rien, et cependant
quels sont ces chants de guerre, quels sont ces cris, ces fusées,
ces pétards, quelles sont ces troupes légères qui s'avancent :

> On va voir les nouveaux anciens :
> La France a lâché ses Zouaves;

Troupes légères en vérité que le *Bulletin de la guerre*,
l'*Italie*, la *Chronique de la guerre d'Italie*, la *Guerre d'Italie*,
le *Zouave*..... qui a eu la bonne fortune de reproduire un des
premiers le fameux Cri des Zouaves de notre ami Gustave
Mathieu :

> On va voir les nouveaux anciens :
> La France a lâché ses Zouaves!

Et c'est le *Courrier de l'armée*, la *Trompette de la Victoire*,
le *Courrier de la guerre*, l'*Écho de l'armée*, le *Bellorama*,
le *Petit Zou-Zou*.......... Oiseaux piailleurs et pillards qui
suivez l'armée et venez vous abattre sur le champ de bataille,
niais joujoux d'un peuple enfant-sublime, petits marchands de
gloire et de patriotisme à bon marché, zouaves de la spécula-
tion..... à la hotte, à la hotte! chiffons, haillons, torchons! La
France aujourd'hui relève ses blessés, et, baisant le front pâle de
ses morts, elle leur creuse un grand trou sur le champ de bataille; puis, d'un lambeau du drapeau national, elle fait à ces
cadavres frappés en face un glorieux linceul et les recouvre de
terre, car le Seigneur a dit : « Cette terre est sanctifiée, que
sur elle les champs refleurissent.......................»
..... A la hotte donc *Zou-zou*, *Écho de l'armée*, *Trompette
de la victoire*, *Courrier de la guerre*, *Bellorama*, à la hotte!
à la hotte !   FIRMIN MAILLARD.

TABLE DES MATIÈRES

PARIS. — IMP. SIMON RAÇON ET COMP., RUE D'ERFURTH, 1.

www.ingramcontent.com/pod-product-compliance
Lightning Source LLC
LaVergne TN
LVHW050833200726
843507LV00001B/281